"재미있는 놀이로 알아보는"

언플러그드
교과서-1

아티오
ArtStudio

재미있는 놀이로 알아보는
언플러그드 교과서 – 1

2019년 4월 20일 초판 인쇄
2019년 4월 30일 초판 발행

펴낸이	|	김정철
펴낸곳	|	아티오
지은이	|	전재천 / 김동현 / 이정서 / 김진수 / 전용욱 / 박대륜 / 장준혁 / 유원진
감 수	|	대구초등컴퓨팅교사연구회(CAESD)
표 지	|	김지영
삽 화	|	한혜원
편 집	|	이효정
전 화	|	031-983-4092
팩 스	|	031-983-4093
등 록	|	2013년 2월 22일
정 가	|	15,000원
주 소	|	경기도 김포한강11로 322 더파크뷰테라스 551호
홈페이지	|	http://www.atio.co.kr

* 아티오는 Art Studio의 줄임말로 혼을 깃들인 예술적인 감각으로 도서를 만들어 독자에게 최상의 지식을 전달해 드리고자 하는 마음을 담고 있습니다.

* 이 도서의 국립중앙도서관 출판예정도서목록(CIP)은 서지정보유통지원시스템 홈페이지(http://seoji.nl.go.kr)와 국가자료종합목록시스템(http://www.nl.go.kr/kolisnet)에서 이용하실 수 있습니다. (CIP제어번호 : CIP2019014743)

이 책에 대하여

 소프트웨어 교육이 필수로 자리 잡은 시점에서 언플러그드란 컴퓨터 없이 과학적 사고를 향상시킬 수 있도록 해주는 학습 활동을 의미합니다.

 아이들은 언플러그드 놀이를 통해 컴퓨터의 원리를 배우면서 소프트웨어를 만드는 코딩 능력을 자연스럽게 몸에 익힐 수 있습니다.

 이 책은 언플러그드 놀이를 처음 접하는 초급반과 중·고급반으로 나누어 2권으로 구성되었습니다. 또한, 단순한 언플러그드 놀이에만 국한시키지 않고 뒷 부분에서 최종 목표인 컴퓨터를 이용한 소프트웨어를 만들 수 있도록 간단한 코딩 학습도 포함시켰습니다.

 이 책에는 활동지가 부록으로 같이 제공되고 있습니다.

각 차시별로 책의 내용을 참고로 하여 아이들이 해야 할 기초적인 내용들을 알려준 다음, 직접 활동지에 스스로 판단한 결과를 표시하도록 합니다.
그런 다음 왜 그렇게 표기했는지 같이 토론하다 보면 자연스럽게 소프트웨어에 대한 개념을 잡아갈 수 있을 것입니다.

흔히 4차산업혁명 시대로 이야기되는 현재 교육과 산업의 흐름을 살펴보면 우리 학생들은 격변의 시대에 살고 있음을 느낍니다. 인공지능이 발달하며 음성 인식, 자율 주행차, 빅데이터 등 컴퓨터를 활용한 기술이 일상생활에서 자연스럽게 사용되는 것을 보면 우리 학생들이 미래를 대비하기 위한 역량을 기르기 위해 어떤 교육이 이루어져야 할지 고민이 생깁니다.

삶의 모든 면에 소프트웨어를 중심으로 하는 변화가 가속화되면서 학생들은 기존의 교육 내용과는 다른 미래 사회에 적응할 수 있는 교육을 받아야 합니다. 그 중심에는 소프트웨어가 있습니다. 과거에는 어떠한 일을 수행하는 과정에서 창의성보다는 효율성에 초점을 맞추었습니다. 하지만 지금은 컴퓨터와 로봇이 이러한 단순 반복 작업을 대신하게 되었습니다. 따라서 미래사회의 주인공이 될 우리 아이들은 기존의 사고방식과는 다른 사고력을 가져야 할 것입니다. 오늘날 학생들이 만나고 해결해야 하는 문제는 정형화된 교과서 속의 문제가 아닌 실생활에 기반한 불확실하고 복잡한 문제입니다. 이러한 상황에서 학생들은 서로 협력하고 소통하며 문제 해결에 대한 아이디어를 공유할 수 있어야 합니다.

소프트웨어 교육을 통해 기르고자 하는 '컴퓨팅 사고력'은 학생들이 만나게 될 현실 세계의 복잡한 문제를 매우 효과적으로 해결할 수 있는 사고 방법입니다. '컴퓨팅 사고력'을 기르기 위해 다양한 교육 방법들이 제시되고 있지만 교육 현장에서는 어떻게 소프트웨어 교육을 시작하고 무엇으로 교육을 해야 하는지에 대한 고민이 생길 수 있습니다.

초등학생은 언플러그드 활동으로 소프트웨어 교육을 시작할 수 있습니다. 이 책을 통해 학생들은 놀이 활동 중심으로 소프트웨어를 이해할 수 있습니다. 또한 다양한 활동지를 포함한 본 교재를 활용하여 실제적인 활동을 기반으로 조금 더 깊이 있게 소프트웨어를 탐구할 수 있습니다.

기존과는 다른 새로운 사고 방법에 대한 어려움과 부담감이 있을 수도 있습니다. 하지만 다가올 미래 사회의 창의·융합형 인재가 될 수 있도록 이 책이 길잡이가 되어 줄 것으로 기대합니다.

(사) 한국정보교육학회장 박판우

저자의 말

소프트웨어 교육이 필수교육 내용으로 초·중학교 교육 현장에 들어오면서 교육계와 학부모들의 관심이 커지고 있습니다. 최근에는 국·영·수·코(코딩)라는 말이 나올 정도로 소프트웨어 교육에 대한 관심이 뜨겁습니다. 오랜 고민 끝에 만들어진 이 책은 어떻게 하면 초등학생들이 소프트웨어 교육에 대하여 쉽고 재미있게 다가갈 수 있을지에 대한 고민을 바탕으로 시작되었습니다. 교육 현장에서 만나는 학부모들은 다음과 같은 궁금증을 가집니다.

"소프트웨어도 학원에서 사교육을 받아야 할까요?"
"도대체 언제부터 소프트웨어를 가르쳐야 하나요?"

소프트웨어 교육에 있어서 어려운 점은 무엇을, 어떻게, 어느 수준까지 가르치는 것이 맞냐는 것입니다. 저자들은 초등학교 소프트웨어 교육의 가능성을 놀이에서 찾았습니다. 마치 블록을 가지고 노는 것처럼 신나는 놀이를 통해 소프트웨어를 온 몸으로 느낄 수 있도록 책을 구성했습니다. 아이들은 놀이를 통해 세상을 배우고 안목을 길러 나갑니다. 소프트웨어 교육 역시 이와 같아야 한다고 생각합니다. 놀이와 체험 중심의 소프트웨어 교육이 우리 아이들을 미래 인재로 길러낼 수 있습니다.

이 책은 개정 교육과정에서 제시하고 있는 소프트웨어 교육 영역 중에서 언플러그드 활동을 중심으로 구성되어 있습니다. 언플러그드(Unplugged) 활동은 컴퓨터 없이 과학적 사고를 향상시킬 수 있는 다양한 놀이 활동을 의미합니다. 신체 활동이나 보드게임과 같은 놀이 활동을 통해서 학생들은 자연스럽게 절차적 사고, 데이터의 표현, 알고리즘 등의 컴퓨터 과학을 체험하게 됩니다.

이 책이 아이들이 성장하며 만나게 되는 다양한 문제 상황을 합리적이고 창의적으로 해결해 나갈 수 있는 사고력 도우미가 되기를 바랍니다. 놀이 중심의 소프트웨어 교육을 통해 우리 아이들의 놀라운 변화를 기대합니다.

저자대표 대구매천초등학교 교사 전재천

차례

CONTENTS

section 01 학교에서 활용되는 소프트웨어 알아보기

관련 부록 93~95쪽

수업 개요

★ 학습 목표	학교에서 활용되는 소프트웨어를 찾아보고 하는 일을 알 수 있다.
★ 모둠 구성	모둠 활동
★ 준비물	활동지, 필기도구
★ 컴퓨팅 사고력	자료 수집, 자료 분석
★ 관련 교과	〈국어〉, 〈슬기로운 생활〉, 〈창의적 체험 활동〉

수업 안내

본 차시는 학교에서 활용되는 기기를 찾아보고 이 기기를 활용하기 위해서는 소프트웨어가 필요함을 알아보는 활동입니다.

컴퓨팅 사고력의 자료 수집, 자료 분석과 관련된 활동을 통해 학생들은 학교에서 볼 수 있는 다양한 기기들을 살펴보고 소프트웨어가 하는 일에 대해 알아봅니다. 이를 통해 생활 주변에 소프트웨어가 많이 활용되고 있다는 것을 인식할 수 있습니다.

참고 자료

 ① 활동은 이렇게

❶ 학생들과 함께 학교에서 볼 수 있는 기기들을 찾아본다.

❷ 발견한 기기들이 하는 일을 알아본다.

❸ 선생님과 함께 이야기한 내용을 바탕으로 학습지를 해결한다.

❹ 기기들이 저절로 움직이는 것이 아니라 소프트웨어(프로그램)가 있기 때문에 움직일 수 있음을
확인한다.

학교에서 활용되는 소프트웨어 알아보기

● 학교에서 사용되는 기기와 소프트웨어가 하는 일을 바르게 연결해 봅시다.

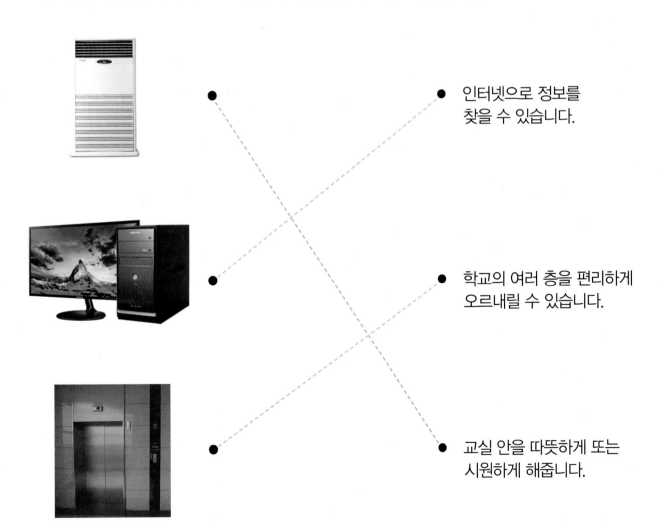

인터넷으로 정보를
찾을 수 있습니다.

학교의 여러 층을 편리하게
오르내릴 수 있습니다.

교실 안을 따뜻하게 또는
시원하게 해줍니다.

 ② 활동은 이렇게

❶ 학교에서 찾을 수 있는 기기를 살펴본다.

❷ 학교에서 찾을 수 있는 기기들이 하는 일을 이야기해 본다.

❸ 학습지를 통해 친구들과 함께 학교에서 찾을 수 있는 기기들을 적어보고 각각의 기기들이 하는 일에 대하여 이야기해 본다.

❹ 소프트웨어가 있기 때문에 기기를 활용할 수 있음을 확인한다.

학교에서 찾을 수 있는 기기를 친구들과 함께 찾아보기

● 친구들과 함께 학교에서 찾을 수 있는 기기의 이름을 적어보고 각각의 기기들이 하는 일에 대하여 이야기해 봅시다.

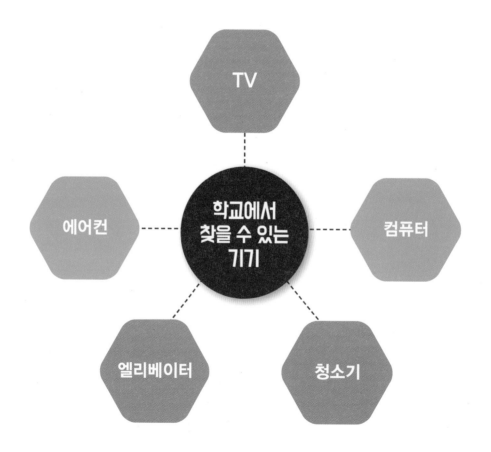

section 02 집에서 활용되는 소프트웨어 알아보기

관련부록 97~99쪽

수업 개요

★ **학습 목표**　　집에서 활용되는 소프트웨어를 찾아보고 하는 일을 알 수 있다.

★ **모둠 구성**　　모둠 활동

★ **준비물**　　　활동지, 필기도구

★ **컴퓨팅 사고력**　자료 수집, 자료 분석

★ **관련 교과**　　〈즐거운 생활〉, 〈창의적 체험 활동〉

수업 안내

본 차시는 집에서 활용되는 기기를 찾아보고, 이 기기를 활용하기 위해서 소프트웨어가 필요함을 알아보는 활동입니다.

컴퓨팅 사고력의 자료 수집, 자료 분석과 관련된 것으로, 학생들은 집에서 볼 수 있는 다양한 기기들을 살펴보고 소프트웨어가 하는 일에 대해 알아봄으로써 생활 주변에 소프트웨어가 많이 활용되고 있다는 것을 인식하게 됩니다.

참고 자료

Q. 소프트웨어(SW) 교육이란?

A. 소프트웨어(SW) 교육이란 한글, 엑셀 등 컴퓨터를 단순히 활용하는 방법을 익히는 교육이 아니라 다양한 문제의 해결 방법을 찾기 위해 '컴퓨터'를 기반으로 자료를 수집·분석하고, 문제의 효율적 해결 과정 등을 창조하는 일련의 사고력 교육입니다. 또한, 새로운 소프트웨어(SW) 교육은 여러 학생들이 함께 참여하는 프로젝트 기반 문제 해결 학습, 체험·탐구 중심의 다양한 교육 활동을 통해 학생들의 창의적인 꿈과 끼를 키우고, 학생들 상호간의 건전한 소통능력을 증진시키는 교육입니다.

❶ 학생들과 함께 집에서 볼 수 있는 기기를 찾아본다.

❷ 발견한 기기들이 하는 일을 알아본다.

❸ 선생님과 함께 이야기한 내용을 바탕으로 활동지를 해결한다.

❹ 기기들이 스스로 움직이는 것이 아니라 소프트웨어가 있기 때문에 움직일 수 있음을 확인한다.

집 안의 모습을 보고 소프트웨어가 활용될 수 있는 곳을 찾아 ○표 해 보기

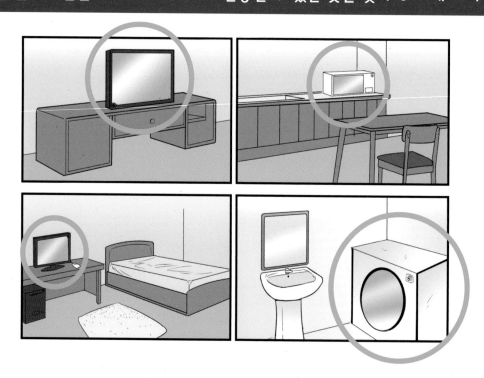

집에서 찾아볼 수 있는 기기를 친구들과 함께 찾아보기

● 친구들과 함께 집에서 찾을 수 있는 기기의 이름을 알아보고 하는 일에 대하여 이야기해 봅시다.

기기 이름	하는 일
TV	원하는 방송을 예약하거나 보여줍니다.
전자렌지	음식물을 따뜻하게 데워줍니다.
컴퓨터	인터넷 검색이나 문서 작성을 도와줍니다.
세탁기	정해진 시간동안 빨래를 해 줍니다.

집에서 찾을 수 있는 기기를 친구들과 함께 찾아보기

● 친구들과 함께 집에서 추가로 찾을 수 있는 기기의 이름을 적어보고 하는 일에 대하여 이야기해 봅시다.

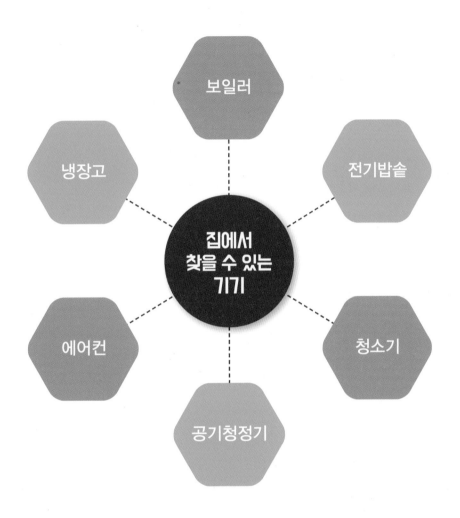

기기 이름	하는 일
보일러	집안의 온도를 높여 따뜻하게 해줍니다.
냉장고	음식물이 상하지 않게 보관해 줍니다.
전기밥솥	따뜻한 밥을 만들어 줍니다.
에어컨	집안의 온도를 낮춰 시원하게 해줍니다.
청소기	먼지나 오물들을 깨끗하게 청소해 줍니다.
공기청정기	미세먼지 등을 제거하여 공기를 쾌적하게 해줍니다.

section 03 우리 마을에서 활용되는 소프트웨어 알아보기

관련 부록 101~103쪽

수업 개요

★ **학습 목표**	우리 마을에서 활용되는 소프트웨어를 찾을 수 있다.	
★ **모둠 구성**	개인, 모둠 활동(2인 또는 4인)	
★ **준비물**	필기도구	
★ **컴퓨팅 사고력**	자료 수집, 자료 표현	
★ **관련 교과**	〈국어〉, 〈사회〉	

수업 안내

본 차시는 자신이 살고 있는 마을의 변화 모습을 살펴보고 마을에서 활용되는 소프트웨어를 찾아보는 활동입니다.

컴퓨팅 사고력의 자료 수집 및 자료 표현과 관련된 것으로, 학생들은 소프트웨어가 우리 생활에 많은 도움을 주고 소프트웨어의 발달이 우리가 살고 있는 지역 및 마을에 많은 변화를 가져다주고 있다는 것을 이해할 수 있게 됩니다.

참고 자료

❶ 활동은 이렇게

❶ 우리 마을에서 볼 수 있는 것에 대해 이야기한다.

❷ 이야기 나눈 것 중 소프트웨어와 관련된 것을 생각해 본다.

❸ 아래 그림에서 소프트웨어가 활용되고 있는 곳을 찾아 ○표 한다.

❹ 친구와 결과를 비교해 본다.

❺ 선택한 것에서 소프트웨어가 어떻게 활용되는지 이야기를 나눈다.

우리 마을에서 활용되는 소프트웨어 살펴보기

● 우리 마을의 모습을 살펴보고 소프트웨어가 활용되고 있는 곳을 모두 찾아 ○표 해 봅시다.

● 선택한 곳에서 소프트웨어가 어떻게 활용되는지 이야기해 봅시다.

② 활동은 이렇게

❶ 우리 마을의 소프트웨어가 어떻게 활용되는지 이야기를 나눈다.

❷ 소프트웨어의 구체적인 기능에 대해 이야기하고 아래 표에 정리한다.

❸ 소프트웨어가 활용되는 다른 분야에 대해 이야기한다.

소프트웨어 활용 사례 정리하기

● 우리 마을에서 찾을 수 있는 소프트웨어의 활용 사례를 정리해 봅시다.

우리 마을의 소프트웨어	기능
예 학교	수업 시간이나 쉬는 시간이 되면 종이 울립니다.
도서관	보고 싶은 책을 화면을 통해 찾아볼 수 있습니다.
신호등	빨간색, 노란색, 초록색으로 바뀌면서 교통 흐름을 제어합니다.
마트	바코드를 이용하여 물건을 자동으로 계산합니다.
자판기	원하는 물건을 구입할 수 있도록 해줍니다.
병원	기기를 사용하여 환자의 병을 치료해 줍니다.

section 04 씨앗에서 꽃이 피기까지

관련 부록 105~107쪽

수업 개요

★ **학습 목표**   식물이 자라는 모습을 통해 절차적 사고를 경험할 수 있다.

★ **모둠 구성**   개인, 짝 활동

★ **준비물**   활동지, 필기도구

★ **컴퓨팅 사고력**   문제 분해, 알고리즘

★ **관련 교과**   〈안전한 생활〉, 〈슬기로운 생활〉, 〈창의적 체험 활동〉

수업 안내

본 차시는 봄에 씨앗을 심고 식물을 가꾸는 방법을 알아보는 활동입니다.

식물을 심고 가꾸는 과정에서 순서와 절차를 배우면서 학생들이 자연스럽게 컴퓨팅 사고력의 알고리즘 및 절차와 관련된 내용을 이해하고 체험할 수 있습니다.

참고 자료

❶ 식물을 가꾸어 본 경험을 이야기한다.

❷ 식물이 자라는데 필요한 것(흙, 물, 햇볕 등)을 알아본다.

❸ 화분에 씨앗을 심어서 햇볕에 두기까지의 과정을 이야기해 본다.

❹ 학습지를 통해 화분에 씨앗을 심어서 햇볕에 두는 순서를 적어본다.

씨앗을 심는 순서 알아보기

● 화분에 씨앗을 심는 방법에 대해 순서를 생각해 보고 차례대로 번호를 적어봅시다.

❶ 화분에 흙 담기

❷ 화분을 햇볕에 두기

❸ 씨앗을 구멍에 넣기

❹ 흙에 구멍 만들기

❺ 씨앗에 물주기

❻ 씨앗을 흙으로 덮기

(❶) → (❹) → (❸) → (❻) → (❺) → (❷)

② 활동은 이렇게

❶ 식물이 자라는 모습에 대하여 이야기한다.

❷ 씨앗이 싹을 틔워 새싹이 자라는 순서를 학습지를 통해서 알아본다.

식물이 자라는 순서를 생각하며 빈 곳에 그림을 그리고 설명하기

● 식물이 자라는 순서를 생각하면서 빈 곳에 그림을 그리거나 설명을 적어봅시다.

❶ 씨앗과 화분을 준비합니다.

❷ 화분에 씨앗을 심습니다.

❸ 잎이 1장 났습니다.

❹ 잎이 2장 났습니다.

❺ 잎이 3장 났습니다.

❻ 꽃이 피었습니다.

section 05 안전한 물놀이

관련 부록 109~111쪽

수업 개요

★ **학습 목표**	안전한 물놀이를 위한 준비 활동을 통해 절차적 사고를 경험할 수 있다.	
★ **모둠 구성**	개인, 짝 활동	
★ **준비물**	활동지, 필기도구	
★ **컴퓨팅 사고력**	문제 분해, 알고리즘	
★ **관련 교과**	〈안전한 생활〉, 〈즐거운 생활〉, 〈창의적 체험 활동〉	

수업 안내

본 차시는 안전한 물놀이를 위하여 구명 조끼를 입는 방법과, 물에 들어가기 전 해야 할 일에 대하여 알아보는 활동으로 구성되어 있습니다.

컴퓨팅 사고력의 알고리즘과 관련된 것으로, 안전한 물놀이를 위해 필요한 순서와 절차를 알아보도록 구성되었습니다. 이를 통해 학생들은 순서와 절차를 다양한 상황 속에서 체험하고 익히게 됩니다.

참고 자료

 ① 활동은 이렇게

❶ 여름철 물놀이 경험을 나눈다.

❷ 물놀이 전 안전을 위해서 반드시 지켜야 하는 것에 대해 알아본다.

❸ 구명조끼 입는 방법에 대하여 알아본다.

❹ 학습지를 통해 구명조끼 입는 순서를 알아보고 순서대로 적어본다.

안전한 물놀이를 위해 구명조끼 입는 순서 알아보기

● 구명조끼를 올바르게 입는 순서를 생각하며 순서대로 번호를 적어봅시다.

❶ 가슴 단추 채우기

❷ 자기 몸에 맞는 구명조끼 선택하기

❸ 구명조끼 착용 완료

❹ 구명조끼 몸에 걸치기

❺ 다리 사이로 생명줄 빼서 걸기

❻ 가슴 조임줄 당기기

(❷) → (❹) → (❶) → (❻) → (❺) → (❸)

 ② 활동은 이렇게

❶ 물에 들어가기 전 몸에 물을 적시는 순서에 대하여 알아본다.

❷ 구명조끼를 입고 안전한 물놀이를 하는 순서를 학습지를 통해서 알아보고 몸에 물을 적시는 순서를 적어본다.

물에 들어가기 전 안전한 물놀이를 위한 순서 알아보기

●안전한 물놀이를 위해서는 심장에서 먼 곳부터 물을 적셔야 합니다. 물을 적시는 순서를 보기에서 골라 올바르게 적어봅시다.

보기 가슴, 팔, 다리

(다리) ➡ (팔) ➡ (가슴)

❶ 구명조끼 입기

❷ 준비 운동하기

❸ 다리 먼저 물에 적시기

❹ 팔을 물에 적시기

❺ 가슴을 물에 적시기

❻ 안전하게 물놀이하기

section 06 송편 만들기

관련 부록 113~115쪽

수업 개요

★ **학습 목표**	송편을 만드는 순서를 통해 절차적 사고를 경험할 수 있다.
★ **모둠 구성**	개인, 모둠 활동
★ **준비물**	활동지, 필기도구
★ **컴퓨팅 사고력**	알고리즘
★ **관련 교과**	〈안전한 생활〉, 〈즐거운 생활〉, 〈창의적 체험 활동〉

수업 안내

본 차시는 명절에 가족들이 함께 모여 명절 음식을 만드는 방법에 대하여 알아보는 활동입니다.

컴퓨팅 사고력의 알고리즘과 관련된 것으로, 명절 음식을 만드는 순서와 절차를 알아보는 활동을 통해 학생들은 순서와 절차를 다양한 상황 속에서 체험하고 익히게 됩니다.

참고 자료

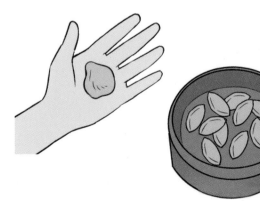

① 활동은 이렇게

❶ 명절에 친척들과 함께 했던 일들에 대하여 경험을 나눈다.

❷ 명절에 만들어 먹는 음식들에 대하여 알아본다.

❸ 추석에 만들어 먹는 송편과 만드는 방법에 대해 알아본다.

❹ 학습지를 통해 송편을 만드는 방법을 순서대로 적어본다.

송편을 만드는 순서 알아보기

● 송편을 만드는 방법을 생각하며 송편을 만드는 순서대로 번호를 적어봅시다.

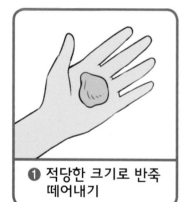

❶ 적당한 크기로 반죽 떼어내기

❷ 송편 찌기

❸ 송편 안에 들어갈 재료 넣기

❹ 쌀가루 반죽하기

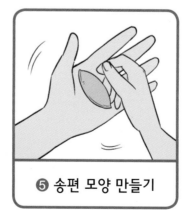

❺ 송편 모양 만들기

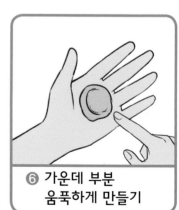

❻ 가운데 부분 움푹하게 만들기

(❹) ➡ (❶) ➡ (❻) ➡ (❸) ➡ (❺) ➡ (❷)

 ② 활동은 이렇게

❶ 내가 만들고 싶은 다양한 모양의 송편을 그려본다.

❷ 내가 그린 송편을 보면서 찰흙이나 지점토를 이용하여 송편을 만들어 본다.

❸ 모둠별로 모아 전시해 본다.

내가 만들고 싶은 송편 모양 그리고 만들기

● 내가 만들고 싶은 송편의 모양을 그리고, 찰흙이나 지점토를 이용하여 친구들과 함께 송편을 만들어 봅시다.

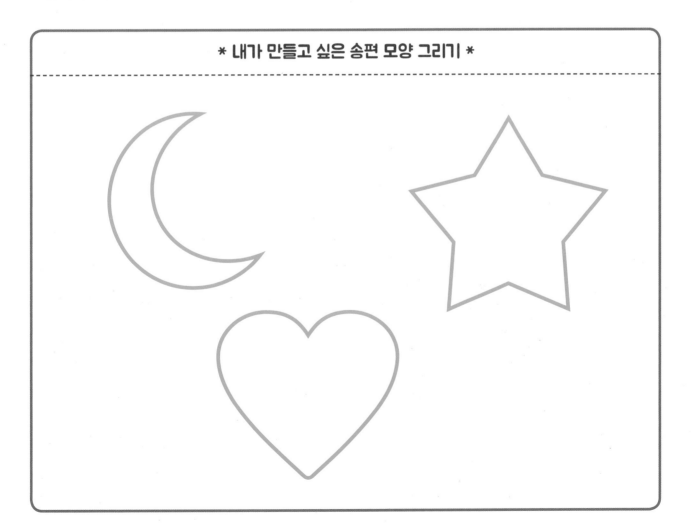

* 내가 만들고 싶은 송편 모양 그리기 *

section 07 순서대로 그림 그리기

관련 부록 117~119쪽

수업 개요

★ **학습 목표**   순서대로 그림 그리는 과정을 통하여 절차적 사고를 경험할 수 있다.

★ **모둠 구성**   모둠 활동

★ **준비물**   활동지, 필기도구, 색연필, 자

★ **컴퓨팅 사고력**   자료 분석, 문제 분석, 알고리즘/절차

★ **관련 교과**   〈수학2-1〉, 〈즐거운 생활〉, 〈창의적 체험 활동〉

수업 안내

본 차시는 순서대로 그림을 그리는 활동입니다.

컴퓨팅 사고력의 알고리즘 및 절차와 관련된 것으로, 학생들은 순서대로 점을 이어가면서 그림을 그리는 과정을 통해 절차적 사고를 경험하게 됩니다.

참고 자료

❶ 활동은 이렇게

❶ 미완성된 그림에서 점들을 잇는다면 어떤 그림이 될지 이야기를 나눈다.

❷ 자와 연필을 이용하여 번호 순서대로 점들을 연결한다.

❸ 완성된 그림을 친구들과 비교해 본다.

미완성된 그림을 보고 번호 순서에 맞게 점들을 연결하기(1)

 ❷ 활동은 이렇게

❶ 문제를 해결할 때 순서대로 처리하는(절차적 사고) 이유에 대하여 이야기를 나눈다.

❷ 순서대로 일을 처리하는 예를 생활 속에서 찾고 이야기를 나눈다.

❸ 색칠하여 그림을 완성한다.

문제를 해결할 때 순서대로 처리하는 이유에 대하여 이야기 나누기

문제를 순서에 따라 처리하지 않으면 내 생각이 다른 사람에게 잘못 전달될 수도 있기 때문이다.

순서대로 일을 처리하는 예를 생활 속에서 찾고 이야기 나누기

* 레시피 보고 음식 만들기
* 집에서 학교까지 길 찾아오기

색칠하여 그림 완성하기

● 완성된 그림을 서로 비교해 보고, 색칠을 하여 그림을 완성합니다.

... unplugged play

section 08 규칙이 있는 색종이 목걸이 만들기

수업 개요

★ **학습 목표**   자신만의 규칙에 따라 순서대로 목걸이를 만드는 경험을 통해 절차적 사고를 경험할 수 있다.

★ **모둠 구성**   모둠 활동

★ **준비물**   세 종류 이상의 목걸이 재료(실에 끼울 수 있는 과자, 색종이, 비즈 재료 등), 실 또는 끈, 투명 테이프, 풀

★ **컴퓨팅 사고력** 알고리즘/절차

★ **관련 교과**   〈수학〉, 〈즐거운 생활〉

수업 안내

본 차시는 자신만의 규칙에 따라 순서대로 목걸이를 만들어보는 활동입니다.

컴퓨팅 사고력의 알고리즘과 절차에 관련된 것으로, 학생들은 자신만의 규칙을 정해 순서대로 목걸이를 만들어 봄으로써 절차적 사고를 경험하고 이해하게 됩니다.

참고 자료

30   재미있는 놀이로 알아보는 언플러그드 교과서-1

❶ 목걸이의 재료를 살펴보고 순서대로 놓는 규칙을 정한다.

❷ 정한 규칙대로 목걸이 재료를 순서대로 놓는다.

❸ 놓아둔 순서에 따라 재료를 실에 끼운다.
  – 재료를 끼운 순서가 유지될 수 있도록 풀이나 투명 테이프 활용

❹ 완성한 목걸이를 짝과 비교하면서 재료를 끼운 순서에 대해 이야기를 나눈다.

❺ 반 전체 발표나 전시회를 하면서 다양한 목걸이를 살펴보고 비교한다.

목걸이 만들기

- 재료를 한 줄로 놓는 자신만의 규칙을 만들고, 그 규칙에 따라 순서대로 놓아 봅시다.

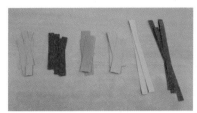

- 만들어 본 규칙을 참고하여 실이나 끈에 재료를 차례대로 끼워 목걸이를 만들어 봅시다.

목걸이 비교하기

- 완성한 목걸이를 짝과 다른 친구들에게 소개하며 규칙에 대해 이야기 나누어 봅시다.

section 09 명령에 따라 움직이기

관련 부록 121쪽

수업 개요

★ 학습 목표   눈을 가린 친구가 목적지에 도착할 수 있도록 바르게 명령을 내리면서 절차적 사고를 경험할 수 있다.

★ 모둠 구성   모둠 활동

★ 준비물   활동지, 연필, 방석(혹은 A4용지) 약 10개, 안대

★ 컴퓨팅 사고력   문제 분석, 알고리즘/ 절차

★ 관련 교과   〈국어2-1〉, 〈슬기로운 생활〉, 〈창의적 체험 활동〉

수업 안내

본 차시는 눈을 가린 친구가 컴퓨터가 되었다고 생각하고, 그 친구가 길을 바르게 따라 갈 수 있도록 명령을 내리는 활동입니다.

컴퓨팅 사고력의 알고리즘 및 절차와 관련된 것으로, 학생들은 눈을 가린 친구가 목적지에 도착할 수 있도록 바르게 명령을 내리면서 절차적 사고를 경험하게 됩니다.

참고 자료

 ① 활동은 이렇게

❶ 선생님이 교실 바닥에 방석(혹은 A4용지)으로 길을 만든다.

❷ 모둠에서 눈을 가리고 찾아 갈 친구 1명을 정한다.

❸ 모둠 친구들은 그 길을 보고, 눈을 가린 친구가 출발지부터 목적지까지 찾아갈 수 있도록 활동지에 화살표를 그린다.

❹ 모둠 친구들이 활동지에 적은 화살표 명령을 큰 소리로 읽어주고, 눈을 가린 친구는 그 명령에 따라 움직인다.

❺ 몇 개의 명령을 썼는지 다른 모둠과 비교해 보고, 명령의 개수를 줄일 수 있는 방법을 이야기해 본다.

❻ 선생님이 길 모양을 바꾸어주고 한 번 더 놀이해 본다.

친구가 목적지까지 갈 수 있도록 순서대로 명령 적기

앞으로 1칸 이동	왼쪽으로 돌기	오른쪽으로 돌기

	첫 번째 놀이	두 번째 놀이
첫 번째 명령	⬆	
두 번째 명령	⬆	
세 번째 명령	⬆	
네 번째 명령	⬅	
다섯 번째 명령	⬆	
여섯 번째 명령	⬆	
일곱 번째 명령	⬆	
여덟 번째 명령	⬅	
아홉 번째 명령	⬆	
열 번째 명령	⬆	

활동지에 적은 명령을 친구에게 읽어주며 목적지로 안내하기

● 모둠 친구들은 명령을 큰 소리로 읽어주고, 눈을 가린 친구는 그 명령에 따라 움직입니다.

● 눈을 가린 친구가 무사히 목적지까지 가면 성공입니다.

section 10 나만의 순서가 있는 아침 활동

수업 개요

★ **학습 목표**   등교 시간에 하는 활동들을 순서대로 정리해 보는 경험을 통해 절차적 사고를 경험할 수 있다.

★ **모둠 구성**   모둠 활동

★ **준비물**   가위, 필기도구

★ **컴퓨팅 사고력**   알고리즘/ 절차

★ **관련 교과**   〈국어〉, 〈바른 생활〉, 〈창의적 체험 활동〉

수업 안내

본 차시는 등교 시간에 하는 활동들을 순서대로 정리해 보는 활동입니다.

컴퓨팅 사고력의 알고리즘과 절차에 관련된 것으로, 학생들은 잠자리에서 일어나서 등교하여 교실의 자리에 앉기까지 하는 일들을 생각해 보고 생각해낸 일들의 순서를 지어 봄으로써 절차적 사고력을 키울 수 있게 됩니다.

참고 자료

 1 활동은 이렇게

❶ 등교 시간에 하는 활동은 무엇이 있는지 모둠원들과 이야기를 나눈다.

❷ 이야기 나누어 본 활동들(양치하기, 옷 입기, 신호등 건너기 등)을 발표한다.

 – 학생들이 발표하는 활동을 교사가 바로 표에 정리한다.

 – 발표가 끝난 후 정리해 놓은 표를 인쇄하여 학생들에게 나누어준다.

❸ 인쇄된 표를 잘라내어 활동 카드를 만든다.

아침에 하는 활동 알아보기

● 등교 시간에 하는 활동에는 무엇이 있는지 이야기를 나누고 발표하여 봅시다.

● 받은 표에 있는 활동들을 각각 잘라 활동카드를 만들어 둡니다.

❷ 활동은 이렇게

❶ 등교하면서 하는 활동들을 순서대로 몸으로 표현하면서 발표한다.
　(한 사람이 반 전체 앞에서 나와 발표)

❷ 친구의 발표를 보면서 발표한 활동들에 대해 순서에 따라 활동 카드 순서를 정한다.

❸ 활동 카드를 순서 지은 것이 같은지 다른 사람과 비교한다.

❹ 여러 사람의 발표를 통해 위의 과정을 반복한다.

아침에 하는 활동의 순서 알아보기

● 친구들 앞에서 자신이 등교하면서 하는 활동들을 순서대로 몸으로 표현하여 봅시다.

● 친구가 발표한 활동의 순서와 같도록 쪽지를 순서대로 놓아 보고 바르게 하였는지 서로 비교하여 봅시다.

section 11 로봇 친구 움직이기

관련 부록 123~125쪽

수업 개요

★ 학습 목표	로봇 친구가 목적지를 찾을 수 있도록 신호를 주면서 절차적 사고를 경험할 수 있다.
★ 모둠 구성	모둠 활동
★ 준비물	A4 용지(14장 이상), 출발점 종이, 목적지 종이
★ 컴퓨팅 사고력	문제 분석, 알고리즘/절차
★ 관련 교과	〈국어2-1〉, 〈즐거운 생활〉, 〈창의적 체험 활동〉

수업 안내

본 차시는 로봇 역할을 맡은 사람에게 조종 역할을 맡은 사람이 신호를 주어 목적지를 찾게 하는 놀이 활동입니다.

컴퓨팅 사고력의 알고리즘 및 절차와 관련된 것으로, 학생들은 조종 역할을 맡은 사람이 로봇 역할을 맡은 사람에게 알맞은 순서로 신호를 주어 짧은 시간 안에 정확하게 목적지에 도착하도록 함으로써 절차적 사고를 체험하게 됩니다.

참고 자료

❶ 활동은 이렇게

❶ 활동지 〈보기〉에 있는 신호와 뜻을 알아본다.

❷ 활동지에서 로봇 친구를 목적지로 보내기 위해서 어떤 순서로 명령을 내려야 할지 〈보기〉에서 골라 순서대로 적는다.

❸ 짝과 함께 바르게 명령을 적었는지 확인한다.

로봇 친구를 목적지로 안내하는 연습하기

〈보기〉

신호	뜻	신호	뜻
↑	앞으로 한 칸 가기	┏	오른쪽(┏)으로 돌기
↰	왼쪽(↰)으로 돌기	●	목적지 확인하기

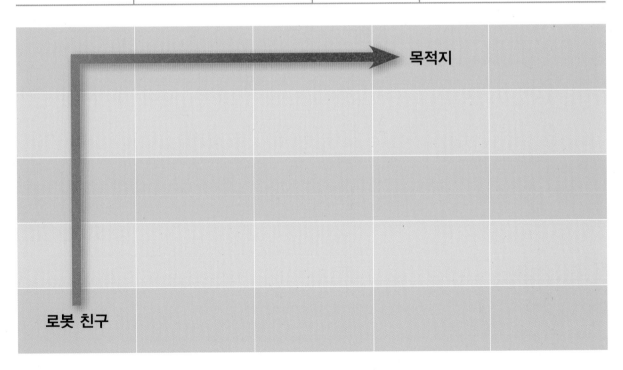

신호 순서 : (↑) → (↑) → (↑) → (↑) → (┏)
→ (↑) → (↑) → (↑) → (●)

● 이번에는 가지 못하는 곳이 있는 길에서 로봇 친구를 안내해 봅시다.

〈보기〉

신호	뜻
↑	앞으로 한 칸 가기
↰	왼쪽(⌐)으로 돌기
↱	오른쪽(⌐)으로 돌기
●	목적지 확인하기

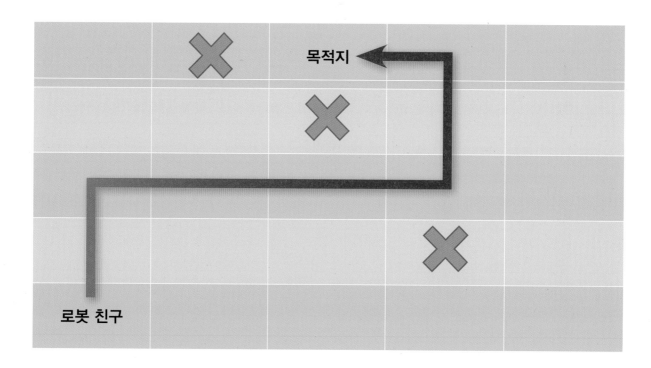

● 목적지로 갈 수 있는 또다른 길은 어떤 것이 있는지 이야기해 보세요.

신호 순서 : (↑) → (↑) → (↱) → (↑) → (↑)
→ (↑) → (↰) → (↑) → (↑) → (↰) →
(↑) → (●)

❶ 교실 바닥에 길을 만들고 로봇 역할을 할 사람을 정한다.

❷ 로봇 역할을 하는 사람이 출발점에 서고, 신호를 주는 사람들은 줄지어 서서 신호를 보낸다.

❸ 로봇 역할을 하는 사람은 확인 신호를 받으면 서 있는 곳이 목적지가 맞는지 확인한다.

로봇 친구가 목적지를 찾도록 신호 보내기

● 로봇 친구는 출발지에 서고 신호를 줄 친구
들은 줄지어 서서 신호를 하나씩 보냅니다.

● 로봇 친구는 확인 신호를 받으면 자신이 서
있는 곳이 목적지가 맞는지 확인합니다.

section 12 학교까지 오는 길 안내하기

관련 부록 127~129쪽

수업 개요

★ **학습 목표**   조건에 맞추어 길을 바르게 안내하는 과정을 통해 절차적 사고를 경험할 수 있다.

★ **모둠 구성**   개인 활동, 짝 활동

★ **준비물**   활동지, 연필

★ **컴퓨팅 사고력** 문제 분석, 알고리즘/절차

★ **관련 교과**   〈수학2-1〉, 〈즐거운 생활〉, 〈창의적 체험 활동〉

수업 안내

본 차시는 조건에 맞추어 길을 바르게 안내하는 활동입니다.

컴퓨팅 사고력의 알고리즘 및 절차와 관련된 것으로, 학생들은 길을 잘 안내하기 위해서 출발하는 장소에서부터 도착하는 장소까지 어떤 순서로 가야하는지 차례대로 안내해 봄으로써 절차적 사고를 체험하게 됩니다.

참고 자료

 1 활동은 이렇게

❶ 활동지 〈보기〉에 있는 명령의 뜻을 알아본다.

❷ 출발지에서 출발해 학교에 도착하기 위해서 어떤 순서로 명령을 내려야할지 〈보기〉에서 골라 순서대로 작성한다.

❸ 짝과 함께 명령대로 따라가면서 바르게 명령을 적었는지 확인한다.

학교 오는 길 안내하기

● ✖ 가 표시된 곳은 갈 수 없는 곳입니다. 출발지에서 ⬆ 방향으로 출발합니다.

〈보기〉

신호	뜻	신호	뜻	신호	뜻	신호	뜻
⬆	위로 한 칸 가기	⬇	아래로 한 칸 가기	⬅	왼쪽으로 한 칸 가기	➡	오른쪽으로 한 칸 가기

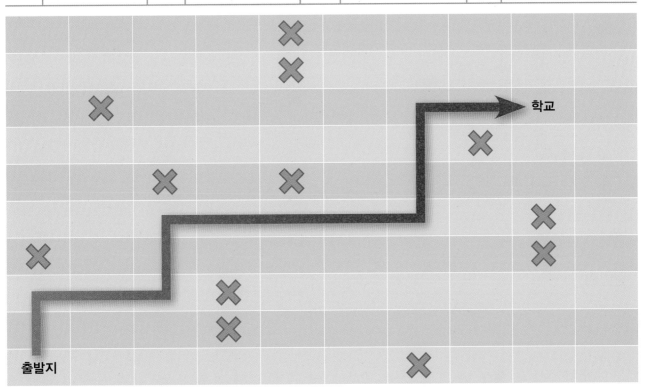

명령 순서 : ⬆ ⬆ ➡ ➡ ⬆ ⬆ ➡ ➡ ➡ ➡ ⬆ ⬆ ⬆ ➡

➡ (예시이므로 다른 방법도 가능함)

서점을 들른 후 학교 오는 길 안내하기

● 학교로 가는 길에 서점에 들러서 책을 사야 합니다. 서점에 들렀다 갈 수 있도록 명령을 내려 봅시다.

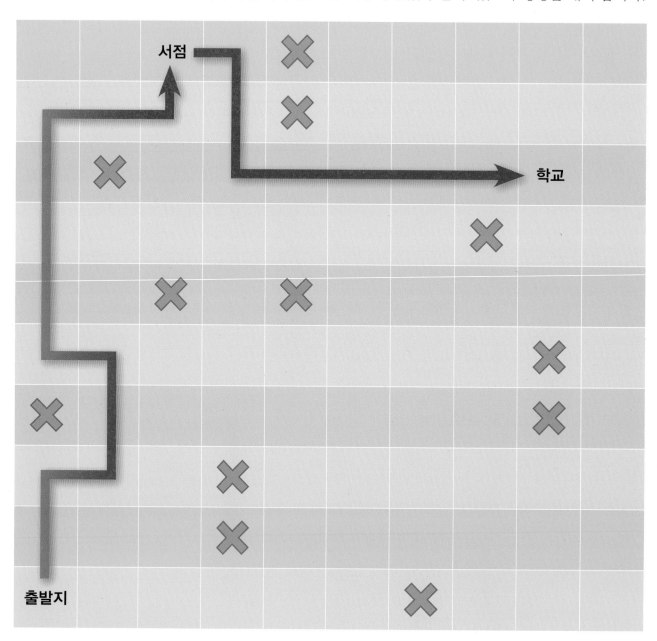

명령 순서 : (⬆) → (⬆) → (➡) → (⬆) → (⬆) → (⬅) → (⬆)
→ (⬆) → (⬆) → (⬆) → (➡) → (➡) → (⬆) → (➡)
→ (⬇) → (⬇) → (➡) → (➡) → (➡) → (➡) → (➡)

section 13 점으로 그림 그리기

관련 부록 131~133쪽

수업 개요

★ 학습 목표	모눈종이의 칸을 색칠하여 그림을 그리는 경험을 통해 컴퓨터가 이미지를 표현하는 방법을 이해할 수 있다.
★ 모둠 구성	개인 활동
★ 준비물	색칠 도구
★ 컴퓨팅 사고력	자료 분석, 자료 표현, 추상화
★ 관련 교과	〈즐거운 생활〉

수업 안내

본 차시는 모눈종이의 칸을 색칠하여 그림을 그리는 활동입니다.

컴퓨팅 사고력의 자료 분석, 자료 표현, 추상화에 관련된 것으로, 학생들은 주어진 과제를 분석하여 완성하는 활동과 자신이 표현하고 싶은 것을 추상화하여 점으로 그려보는 활동을 해 봄으로써 컴퓨팅 사고력을 키우고 컴퓨터가 이미지를 표현하는 방식을 경험하고 이해하게 됩니다.

참고 자료

① 활동은 이렇게

❶ 〈보기〉의 규칙에 따라 번호가 적혀있는 표의 칸을 색칠한다.

❷ 색칠 결과를 친구들과 비교해 본다.

점을 색칠하여 그림 완성하기

● 보기의 규칙에 따라 점(칸)을 색칠하여 그림을 완성해 봅시다.

〈보기〉

칸의 숫자	칸을 색칠할 색깔	칸의 숫자	칸을 색칠할 색깔
0	없음	3	노랑
1	빨강	4	검정
2	파랑		

0	0	0	0	0	0	0	0	0	0	0	0	0	0	0
0	0	0	0	0	0	0	0	0	0	0	0	0	0	0
0	0	0	0	0	2	2	2	0	0	0	0	2	0	0
0	0	0	0	2	3	2	2	2	0	0	2	2	0	0
0	0	2	2	2	2	2	2	3	2	2	2	2	0	0
0	1	2	4	2	2	3	2	2	3	2	3	2	0	0
0	1	2	2	3	2	2	2	2	2	0	2	2	0	0
0	0	0	2	2	2	3	2	2	0	0	0	2	0	0
0	0	0	0	0	2	2	2	0	0	0	0	0	0	0
0	0	0	0	0	0	0	0	0	0	0	0	0	0	0
0	0	0	0	0	0	0	0	0	0	0	0	0	0	0
0	0	0	0	0	0	0	0	0	0	0	0	0	0	0
0	0	0	0	0	0	0	0	0	0	0	0	0	0	0
0	0	0	0	0	0	0	0	0	0	0	0	0	0	0
0	0	0	0	0	0	0	0	0	0	0	0	0	0	0

② 활동은 이렇게

❶ 주변의 동물이나 물건 등을 떠올려 본다.

❷ 떠올린 이미지를 활동지에 점으로 표현해 본다.

❸ 점으로 그린 그림을 모두에게 소개하고 다른 사람의 그림도 살펴본다.

나만의 그림을 그리고 비교하기

● 주변의 동물이나 물건 등을 떠올려 간단히 그려봅시다.

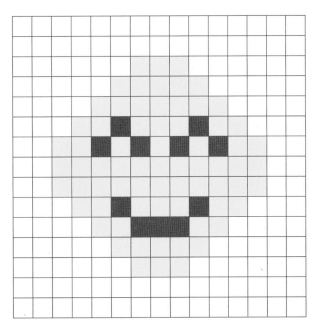

● 내가 점으로 그린 그림을 모두에게 소개하고 다른 사람의 그림도 구경하여 봅시다.

section 14
화살표 명령에 따라 보물 찾기

관련 부록 187~189쪽

수업 개요

★ 학습 목표   명령에 따라 움직이기 활동을 통해 순차 개념을 이해할 수 있다.

★ 모둠 구성   짝 활동

★ 준비물   모눈판, 화살표

★ 컴퓨팅 사고력 문제 분석, 알고리즘/절차

★ 관련 교과   〈과학〉, 〈수학〉

수업 안내

본 차시는 간단한 게임을 통해 컴퓨터가 명령에 따라 움직이고 명령을 처리하는 순서를 이해하는 활동입니다.

컴퓨팅 사고력의 문제 분석, 알고리즘/절차와 관련된 것으로, 학생들은 활동 과정에서 일어나는 오류를 수정하면서 컴퓨터의 명령 수행 방식을 이해하게 됩니다.

참고 자료

❶ 활동은 이렇게

❶ 화살표의 의미를 알아보고 이동 방법을 약속한다.

❷ 첫 번째 학생은 모눈판 위에 장애물과 목표물을 각각 배치한다.

❸ 다른 학생은 목표물까지 이동하기 위한 방법을 생각하고, 화살표를 이용하여 명령을 내린다.

화살표의 의미 알아보기

←	왼쪽으로 1칸 이동
↑	앞으로 1칸 이동
→	오른쪽으로 1칸 이동
↓	뒤로 1칸 이동

명령에 사용할 화살표의 의미를 알아보고 약속합니다.

모눈판에 장애물 설치하기

한 명이 모눈판 위에 목표물(보물)과 장애물(벽)을 각각 배치합니다. 장애물을 많이 둘수록 난이도가 높아집니다.

• 길이 완전히 막히지 않도록 장애물을 설치합니다.

화살표 놓기

→ → ↑ → ↑ ↑

다른 한 명은 모눈판을 보고 주인공이 이동해야 할 길을 순서대로 책상 위에 올려놓습니다.

화살표를 따라 움직이기

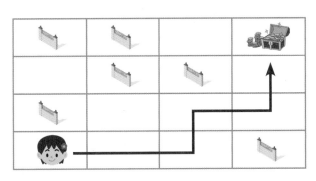

화살표를 모두 놓은 후 화살표를 따라 이동하여 목표물에 도착합니다.

section 15 지진으로부터 우리를 보호해요

관련 부록 135쪽

수업 개요

★ **학습 목표**   지진 대피 요령을 알아보고 절차적 사고를 경험할 수 있다.

★ **모둠 구성**   개인 활동

★ **준비물**   학습지, 연필

★ **컴퓨팅 사고력**   알고리즘/절차

★ **관련 교과**   〈창의적 체험 활동〉

수업 안내

본 차시는 학교에서 지진 발생시 신속한 대피를 통해 피해를 최소화할 수 있도록 지진 대피 요령을 알아보고 절차적 사고를 경험해 보는 활동입니다.

컴퓨팅 사고력의 알고리즘/절차와 관련된 것으로 학생들은 순서에 따른 지진 대피 요령을 알아보고 알고리즘을 기반으로 하는 절차적 사고를 경험하게 됩니다.

참고 자료

❶ 활동은 이렇게

❶ 지진이 발생했을 때의 상황을 동영상으로 확인한다.

❷ 지진의 위험성에 대해 이야기를 나눈다.

❸ 지진이 발생했을 때 장소에 따른 행동 요령을 알아본다.

❹ 지진이 발생했을 때 교실에서 해야 할 행동을 친구와 함께 이야기한다.

❺ 지진의 피해를 줄이기 위한 방법을 생각해 본다.

● 지진이 발생했을 때 장소에 따른 행동 요령을 알아봅시다.

집 안에 있을 경우

탁자 아래로 들어가 몸을 피합니다. 흔들림이 멈추면 전기와 가스를 차단하고 빠르게 밖으로 대피합니다.

학교 교실에 있을 경우

책상 아래로 들어가 책상 다리를 꽉 잡습니다. 흔들림이 멈추면 질서를 지켜 빠르게 운동장으로 대피합니다.

극장, 경기장 등에 있을 경우

가방 등 소지품으로 몸을 보호하면서 자리에 있다가 흔들림이 멈추면 안내에 따라 침착하게 대피합니다.

산이나 바다에 있을 경우

산사태나 절벽 붕괴를 주의하면서 안전한 곳으로 대피합니다. 해안에서는 높은 곳으로 이동합니다.

엘리베이터에 있을 경우

모든 층의 버튼을 눌러 가장 먼저 열리는 층에서 내린 후 계단을 통해 빠져 나갑니다.

백화점이나 마트에 있을 경우

진열장에서 떨어지는 물건으로부터 몸을 보호하면서 계단이나 기둥 근처로 피합니다. 흔들림이 멈추면 밖으로 대피합니다.

전철 안에 있을 경우

손잡이나 기둥을 잡아 놓치지 않도록 합니다. 전철이 멈추면 기관사 안내 방송에 따라 행동합니다.

② 활동은 이렇게

❶ 지진이 발생했을 때 교실의 상황을 예상하고 이야기 나눈다.

❷ 교실에서의 지진 대피 방법을 순서대로 정리한다.

❸ 실제로 지진이 발생했다고 가정하고 정리한 대피 방법대로 연습해 본다.

● 교실에서의 지진 대피 방법을 그림을 보면서 설명하고 연습해 봅시다.

❶ 신속히 책상 밑으로 들어가기

❷ 책가방, 책 등으로 머리를 감싸서 낙하물로부터 보호하기

대피 장소

❸ 침착하게 피난 경로를 따라 안전한 장소로 대피하기

❹ 운동장과 같은 넓은 공터로 대피하기

section 16

나는야
어린이 구급대원

관련
부록 137쪽

수업 개요

★ **학습 목표**　　응급 상황에서 순서에 맞게 심폐 소생술을 연습할 수 있다.

★ **모둠 구성**　　개인 활동

★ **준비물**　　연필

★ **컴퓨팅 사고력**　문제 분석, 알고리즘/절차

★ **관련 교과**　　〈창의적 체험 활동〉

수업 안내

본 차시는 순서대로 실시해야 하는 심폐 소생술을 통해 순서대로 문제를 해결하는 과정을 체험하고 익혀보는 활동입니다.

컴퓨팅 사고력의 알고리즘과 관련된 것으로, 학생들은 심폐 소생술을 순서대로 실시해 보면서 컴퓨터가 순서대로 문제를 해결하는 과정을 몸소 체험하고 이해할 수 있게 됩니다.

참고 자료

❶ 확인 ▶	❷ 신고 ▶	❸ 압박 ▶
어깨를 두드리며 반응을 확인한다.	119 신고 및 자동 심장 충격기(AED)를 요청하고 호흡을 확인한다.	분당 100~120회로 강하고 빠르게 30회 압박한다.

❹ 호흡 ▶	❺ 반복 ▶	❻ AED
기도를 열고 가슴이 부풀어 오르도록 2회의 인공 호흡을 한다.	30회의 가슴 압박과 2회의 인공 호흡을 119 구급 대원이 올 때까지 계속한다.	자동 심장 충격기가 도착하면 기계의 지시에 따라 행동한다.

▲ 심폐 소생술 시행 순서

❶ 활동은 이렇게

❶ 주변에서 발생하는 응급 상황을 알아본다.

❷ 응급 상황이 발생했을 때 어떠한 조치를 취해야 하는지 친구와 이야기를 나눈다.

❸ 순서에 따른 심폐 소생술 방법을 알아본다.

❹ 친구와 역할을 바꾸어 가며 실습한다.

● 심폐 소생술의 방법을 알고 실습해 봅시다.

심정지 확인

환자의 어깨를 가볍게 두드리며 "괜찮으세요?"라고 물어봅니다.

119 신고 및 자동 제세동기 요청

주변 사람에게 큰소리로 119에 전화해 달라고 부탁하고 자동 제세동기를 요청합니다. 주변에 아무도 없으면 직접 119에 신고합니다.

가슴 압박 30회 실시

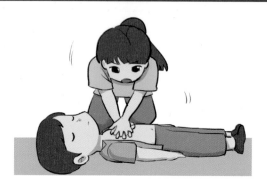

손꿈치 중앙을 양쪽 젖꼭지 사이의 가슴 정중앙에 놓고 다른 손으로 나머지 손을 덮습니다. 팔을 쭉 펴고 위에서 아래로 환자의 가슴을 꾹꾹 눌러줍니다. 이 과정을 빠르게 연속으로 30번 반복합니다.

인공호흡 2회 실시

머리를 뒤로 젖히고 턱을 위로 들어 올려 기도를 열어줍니다. 환자의 코를 막고 입 속으로 호흡을 두 번 불어 넣습니다. 이때 시선은 환자의 가슴을 보고 숨을 불어넣을 때 환자 가슴이 올라오는지 확인합니다.

가슴 압박, 인공 호흡 반복하기

30회의 가슴 압박과 2회의 인공 호흡을 119 구급 대원이 도착할 때까지 반복합니다.

역할 바꾸어 연습하기

친구와 역할을 바꾸어 연습해 봅니다. 친구와 함께 연습할 때에는 친구의 가슴을 너무 세게 누르지 않도록 합니다.

단계		해야 할 행동	주의사항
1		어깨를 두드리며 반응 확인하기	환자의 상태를 신속하게 파악한다.
2		119 신고하기	한 사람을 지목하여 신고를 부탁한다.
3		가슴 압박 실시하기	쉬지 않고 실시한다.
4		인공 호흡하기	환자 상태에 따라 인공 호흡은 생략할 수 있다.
5		가슴 압박, 인공 호흡 반복하기	구급차가 도착할 때까지 반복한다.
6		자동 심장 충격기 활용하기	기기의 지시에 따른다.

section 17 나는야 로봇 화가

관련 부록 139~141쪽

수업 개요

★ **학습 목표**   문제 해결 방법을 순서에 따라 설명할 수 있다.

★ **모둠 구성**   짝 활동

★ **준비물**   필기도구, 활동지

★ **컴퓨팅 사고력**   절차적 사고, 알고리즘

★ **관련 교과**   〈미술〉, 〈창의적 체험 활동〉

수업 안내

본 차시는 2인 1조로 진행되는 활동으로 한 명은 나만의 그림을 그리고, 이를 친구에게 설명합니다. 다른 한 명은 로봇 화가가 되어 설명을 듣고 그림을 그립니다. 이 과정에서 주어진 문제를 해결하기 위해 어떤 순서와 방법을 사용할 것인지 먼저 생각해야 합니다. 다른 사람에게 문제 해결 방법을 전달하는 과정에서도 순서가 정확하지 않으면 문제를 효과적으로 해결할 수 없습니다.

컴퓨팅 사고력의 알고리즘(절차)과 관련된 것으로, 학생들은 알고리즘을 설계하고 표현하는 활동을 하고 이해하게 됩니다.

참고 자료

▲ 로봇 화가

❶ 활동은 이렇게

❶ A학생이 활동지에 직선, 삼각형, 사각형, 원 모양을 이용해서 원하는 모양을 그린다.

❷ A학생이 그린 그림을 친구가 똑같이 그릴 수 있도록 글로 표현한다.

❸ B학생은 설명을 듣고 설명하는 내용에 따라 그림을 그린다.

❹ B학생의 그림이 완성되면 두 사람의 그림을 서로 비교한다.

❺ B학생이 A학생과 똑같이 그림을 그릴 수 있도록 설명을 수정한다.

❻ 다시 그림을 설명한다.

❶ 그림 그리기

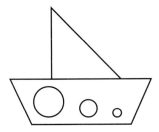

직선, 삼각형, 사각형, 원 모양을 이용하여 활동지에 원하는 그림을 그립니다.

❷ 그림 설명하기

내가 그린 그림을 친구가 똑같이 그릴 수 있도록 순서대로 설명하는 글을 써 봅니다.

◆ 직사각형을 그린다.
◆ 사각형 안에 원 3개를 나란히 그린다.
◆ 사각형 위에 정3각형을 그린다.

❸ 그림 설명하고 그리기

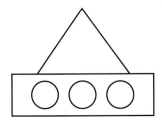

한 명은 자신의 그림을 순서대로 천천히 친구에게 설명해 주고, 다른 한 명은 설명을 듣고 설명하는 내용에 따라 그림을 그립니다.

❹ 친구의 그림 확인하기

그림을 완성하면 나의 그림과 친구의 그림을 비교하여 봅니다. 이때 정답 그림은 보여주지 않습니다.

❻ 그림 다시 그리기

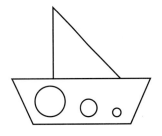

❺ 문제점 수정하기

친구가 나의 그림과 다르다면 왜 그런 그림을 그리게 되었는지 문제를 찾고, 친구가 정확하게 그림을 그릴 수 있게 설명을 자세하게 수정합니다.

수정한 내용을 바탕으로 다시 한 번 그림을 설명하고 그려봅니다.

section 18 컵 쌓기로 순차적 절차 익히기

관련 부록 143쪽

수업 개요

★ **학습 목표**   컵 쌓기 놀이를 통하여 순차적 실행 프로그램을 이해할 수 있다.

★ **모둠 구성**   짝 활동

★ **준비물**   종이컵, 활동지

★ **컴퓨팅 사고력**   자료 분석, 자료 표현, 시뮬레이션

★ **관련 교과**   〈국어〉, 〈과학〉

수업 안내

본 차시는 컴퓨터가 프로그램(Program)이라고 불리는 명령 목록에 따라 동작(순차적 실행 프로그램)한다는 것을 컵 쌓기 놀이를 통해 알아보는 활동입니다.

컴퓨팅 사고력의 자료 분석, 자료 표현, 시뮬레이션과 관련된 것으로, 학생들은 컴퓨터와 프로그래머의 역할로 나누어 프로그래머가 작성한 명령서를 이용하여 명령대로 컵을 쌓는 활동을 통하여 순차적 실행이라는 프로그래밍 언어의 특성에 대하여 이해할 수 있게 됩니다.

참고 자료

① 활동은 이렇게

❶ 컵 쌓기에 필요한 명령어의 의미를 약속한다.

❷ 학생 역할을 정한다(프로그래머 : 명령, 컴퓨터 : 동작).

❸ 프로그래머는 약속한 명령어를 활용하여 명령서를 작성한다.

❹ 컴퓨터 역할의 학생은 명령서를 보고 컵을 쌓아 올린다.

❺ 컵 쌓기가 완성된 후 프로그래머는 명령과 컵 쌓기 결과가 일치하는지 확인한다.

❻ 역할을 교체하여 실시한다.

명령어 이해하기

↑	컵 집어 위로 올리기
↓	컵 내려놓기
→	컵을 오른쪽으로 1/2 이동
←	컵을 왼쪽으로 1/2 이동
↺	컵 뒤집기

프로그램 명령에 사용할 명령어의 의미를 이해합니다.

역할 정하기

프로그래머 역할의 학생과 컴퓨터 역할의 학생을 구분합니다. 각각의 역할을 2인 1조로 운영할 수도 있습니다.

명령서 작성하기

프로그래머 역할을 맡은 학생은 활동지를 보고 5개의 기호만 사용하여 명령서를 작성합니다. 같은 명령어가 반복되면 '→(4)'와 같은 형식으로도 표현할 수 있습니다.

차례차례 컵 쌓기

컴퓨터 역할의 학생은 프로그래머 역할의 학생이 작성한 명령서를 보면서 컵을 쌓아 올립니다. 컴퓨터 역할 학생들은 서로 의논하여 컵의 위치를 결정할 수 있으나, 프로그래머 역할의 학생에게는 질문할 수 없습니다.

명령어와 비교하기

프로그래머 역할을 맡은 학생은 컴퓨터 역할을 맡은 학생이 쌓아 올린 컵이 자신의 명령과 일치하는지 확인합니다.

역할 바꾸어보기

활동지를 통해 역할을 바꾸어 가며 다시 놀이를 하여 봅시다.

section 19 지층과 화석 보드 게임

관련 부록 175~185쪽

수업 개요

★ **학습 목표** 보드 게임을 통해 순차의 개념을 이해할 수 있다.

★ **모둠 구성** 모둠 활동(2~4인)

★ **준비물** 놀이 카드

★ **컴퓨팅 사고력** 자료 수집, 자료 분석, 자료 표현, 알고리즘/절차

★ **관련 교과** 〈과학〉, 〈국어3〉

수업 안내

컴퓨터가 주어진 일을 차례대로 해결하는 것을 순차적 처리라고 합니다. '나는야 꼬마 지질학자'는 순차적 사고를 이용한 보드 게임입니다. 이 게임은 주어진 지층 카드에 쌓여진 퇴적물들을 순서대로 찾아내는 활동으로 이루어집니다. 이 과정에서 학생들은 순차 알고리즘의 개념을 자연스럽게 습득하게 됩니다.

뒤집어진 재료 카드를 이용하여 지층을 완성해서 점수를 획득하고, 일정한 시간 동안 점수를 가장 많이 모으면 승리하게 됩니다.

참고 자료

이암 – 진흙이 굳어져 만들어진 암석

사암 – 모래가 굳어서 만들어진 암석

응회암 – 화산재가 굳어서 만들어진 암석

석회암 – 석회물질이 굳어서 만들어진 암석

▲ 지층 보드 게임

❶ 활동은 이렇게

1. 퇴적물 카드의 이름을 확인한다.
2. 원하는 퇴적물을 이용하여 지층 카드를 만든다.
3. 지층 카드는 모두 포개어서 엎어놓고, 퇴적물 카드는 낱장으로 엎어놓는다.
4. 게임 순서를 정한다.
5. 지층 카드를 한 장 뽑아서 지층의 순서를 확인한 후, 퇴적물 카드를 뒤집어서 아래에서부터 위로 순서대로 지층을 쌓는다.
6. 각 지층 카드를 완성하면 획득할 수 있는 박사 모자를 10개 먼저 모으는 사람이 승리한다.

❶ 퇴적물 카드 준비하기

퇴적물 카드의 종류와 각각의 이름을 확인합니다.

• 학생들이 원하는 고생물이 있으면 추가해도 좋습니다.

❷ 지층 카드 만들기

비어있는 지층 카드에 난이도에 맞게 원하는 퇴적물들을 순서대로 씁니다.

❸ 게임판 만들기

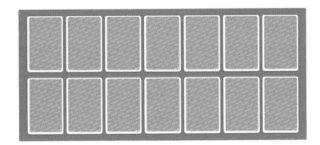

지층 카드는 엎어 포개어 쌓아놓고, 퇴적물 카드는 위와 같이 낱장으로 엎어 놓습니다.

• 퇴적물 카드를 몇 개 사용하는가에 따라 초급-중급-고급 난이도를 정할 수 있습니다.

❹ 순서 정하기

가위-바위-보를 하여 카드를 뒤집을 순서를 정합니다.

❺ 지층 카드 정하기

원하는 난이도의 지층 카드를 정하고 "도전!"이라고 큰 소리로 외칩니다.

❻ 퇴적물 카드 뒤집기

자신이 정한 지층을 완성하기 위해 필요한 퇴적물 카드를 뒤집어 퇴적물을 아래에서부터 쌓아 올립니다.

• 카드를 모두가 볼 수 있게 완전히 뒤집습니다.

❼ 결과 확인하기

순서가 틀린 경우 집었던 카드를 다시 엎어두고, 맞은 경우 지층 카드를 획득합니다. 지층 카드에 있는 박사 모자의 개수가 자신의 점수입니다. 두 사람이 번갈아 가면서 게임을 진행합니다.

❽ 게임 진행하기

다음 차례 학생이 ❺~❼ 과정을 반복합니다. 박사 모자 10개를 가장 먼저 모으는 사람이 승리합니다.

• 카드 수 변경, 시간제한 두기, 팀 대항전, 지층 카드 획득 후 퇴적물 카드 섞기 등 다양한 변형이 가능합니다.

section 20 과일 바구니 옮기기

관련 부록   191쪽

수업 개요

★ 학습 목표   과일 바구니 놀이를 하면서 조건에 따라 움직일 수 있다.

★ 모둠 구성   모둠 활동(5인 이상)

★ 준비물   없음

★ 컴퓨팅 사고력   조건, 반복

★ 관련 교과   〈체육〉, 〈영어〉

수업 안내

본 차시는 사용자가 정해주는 조건에 따라 컴퓨터가 데이터를 처리하는 것을 과일 바구니 놀이를 통해 몸소 체험해 보는 활동입니다. 조건이 간단하면 데이터를 처리하는 시간이 짧아지고, 조건이 복잡하면 데이터를 처리하는 시간이 길어집니다.

컴퓨팅 사고력의 조건, 반복과 관련된 것으로, 학생들은 과일 바구니 옮기기 놀이를 통해서 주어진 조건에 따라 움직여보면서 컴퓨터의 동작 원리를 이해하게 됩니다.

참고 자료

◀ '과일 바구니 놀이' 진행 모습

1 활동은 이렇게

❶ 활동에 사용할 3가지 과일을 학급 토의를 통해 결정한다.

❷ 모두 둥글게 마주 보고 앉은 상태에서 술래는 한 가지 과일을 말한다.

❸ 해당되는 과일의 학생은 일어서서 빈 자리로 이동하여 앉는다.

❹ 빈 자리에 앉지 못하는 학생이 다음 차례의 술래 역할을 한다.

❺ 같은 방식으로 여러 번 반복한다.

내가 좋아하는 과일은?

① 짝과 함께 좋아하는 과일에 대해 이야기를 나눕니다.

② 학급 토의를 통해서 활동을 진행할 과일 3가지를 정합니다.

둥글게 마주 앉기

③ 넓은 장소에 다 같이 둥글게 마주 보고 앉습니다.

• 학생들의 이동 경로를 생각하여 조금 넓게 앉으면 좋습니다.
• 방석을 깔거나 의자를 두면 자리를 찾기 더 쉽습니다.

과일 정하기

④ 각 학생을 1개의 과일로 지정합니다.

• '사과 → 딸기 → 수박 → 사과 → 딸기 → 수박…'과 같이 1인 당 과일 1개씩 정합니다.

술래 정하기

⑤ 한 명을 술래로 정하고, 술래는 둥근 원 가운데에 섭 니다. 술래가 일어선 자리는 빈 공간 없이 당겨서 앉 습니다.

⑥ 앉은 친구들은 술래에게 말합니다.
"○○야, 너는 어떤 과일을 좋아하니?"
술래는 학급에서 정한 3가지 과일 중에서 1가지를 이 야기 합니다.

• 2가지 이상을 이야기해도 됩니다.

자리 바꾸기

⑦ 술래의 대답에 해당하는 과일 학생들은 재빨리 일어 나 다른 학생들이 일어난 자리로 이동하여 앉습니다.

• 술래는 친구들이 일어나는 것을 보고 재빨리 앉습니다.

• 자신의 원래 자리에 앉아서는 안 되고, 이동할 때에는 다른 친 구들과 부딪히지 않게 배려하여 이동하도록 지도해 주세요.

⑧ 자리에 앉지 못한 학생은 다음 술래가 됩니다.

section 21 좌표 삼목 놀이

관련
부록 145~147쪽

**수업
개요**

★ **학습 목표**   한 줄을 완성하기 위한 전략을 세워 삼목 놀이를 할 수 있다.

★ **모둠 구성**   짝 활동

★ **준비물**   활동지, 필기구 또는 바둑돌

★ **컴퓨팅 사고력**   순차, 알고리즘

★ **관련 교과**   〈도덕〉, 〈사회〉

**수업
안내**

본 차시는 한 줄을 완성하기 위한 전략을 세워 삼목 놀이를 해 보는 활동입니다.
컴퓨팅 사고력의 순차, 알고리즘과 관련된 것으로, 학생들은 상대방의 수를 미리 예측하고 삼목 놀이(Tic-Tac-Toe)에서 이기기 위한 나만의 전략을 세워보는 활동을 통해서 인공 지능의 기본 원리를 체험할 수 있습니다.

**참고
자료**

삼목 놀이(틱택토, Tic-Tac-Toe)는 두 명이 번갈아 가면서 O와 X를 3×3 판에 써서 같은 글자를 가로, 세로, 혹은 대각선 상에 놓이도록 하는 놀이입니다. 오른쪽 예시는 먼저 놓은 O가 이기는 경우입니다.

O		X
	O	X
	X	O

❶ 활동은 이렇게

❶ 게임을 시작할 순서를 정한다.

❷ 자신이 세운 전략을 바탕으로 수를 놓을 순서를 정한다.

❸ 정한 순서대로 활동판 위에 상대방과 번갈아 가면서 한 번씩 표시한다.

❹ 가로, 세로, 대각선이 같은 모양이 되게 먼저 연결하는 사람이 승리한다.

❺ 게임 시작 순서를 바꾸어 다시 한 번 해본다.

O , X 정하기

수를 놓을 순서 적기

5	3	7	4	1	2	8	9	6

짝과 함께 가위바위보를 하여 O와 X를 정합니다. O가 먼저 수를 놓습니다.

자신이 수를 놓을 부분을 차례대로 활동지에 적습니다.

순서대로 표시하기

승패 정하기

O		X
O	O	X
		X

번갈아 가며 한 번씩 표시를 합니다. 이때 자신이 활동지에 미리 정해둔 순서에 따라 수를 놓습니다.

• 내 차례에 다른 친구가 이미 수를 놓았다면 그 다음 차례의 칸에 놓습니다.

가로, 세로, 대각선으로 같은 모양이 3개가 연결되면 이깁니다.

section
22 달려라 알파고

관련 부록 149쪽

수업 개요

★ 학습 목표	컴퓨터의 알고리즘 처리 방식을 체험할 수 있다.
★ 모둠 구성	모둠 활동(3~5명이 1모둠, 총 2모둠)
★ 준비물	팀 조끼 2색, 플라잉 디스크 6개(팀 당 3개씩), 훌라후프
★ 컴퓨팅 사고력	알고리즘
★ 관련 교과	〈체육〉, 〈수학〉

수업 안내

본 차시는 앞 단원에서 배운 삼목 놀이 형식으로 신체 활동을 하면서 논리적인 사고 방식을 체험하는 활동입니다.

컴퓨팅 사고력의 알고리즘과 관련된 것으로, 학생들은 삼목 놀이(틱택토, Tic-Tac-Toe)를 신체 활동으로 변형시켜 상대방이 놓은 말을 보고 나만의 알고리즘을 설계한 다음 이를 적용하는 과정에서 컴퓨터의 알고리즘 처리 방식을 체험합니다.

참고 자료

❶ 활동은 이렇게

❶ 3~5명으로 팀을 구성한다(A, B 팀으로 구성).
❷ 출발 신호와 함께 첫 번째 학생이 출발한다.
❸ 플라잉 디스크를 놓고 온다.
❹ 첫 번째 학생과 하이파이브 후 두 번째 학생이 출발하여 플라잉 디스크를 놓고 온다.
❺ 같은 방법으로 순서대로 출발하여 먼저 1줄을 완성하는 팀이 승리한다.

팀 정하기

3~5명이 한 팀을 이루어 팀 조끼를 입습니다. 각자 플라잉 디스크를 든 채 출발선 뒤에 한 줄로 섭니다.

플라잉 디스크 놓기(1)

출발 신호와 함께 각 팀의 첫 번째 학생이 달려가 후프 안에 플라잉 디스크를 놓습니다.

• 강당에서 진행할 경우 훌라후프가 밀리지 않게 매트를 깔아도 좋습니다.
• 플라잉 디스크를 한 번 놓고 나면 다시 자리를 옮길 수 없습니다.

출발선으로 되돌아오기

첫 번째 학생이 출발선으로 돌아와 두 번째 학생과 하이파이브를 하면 두 번째 학생이 출발합니다. 첫 번째 학생은 세 번째 학생 뒤에 섭니다.

• 첫 번째 학생과 하이파이브를 하기 전에는 출발하지 않습니다.

플라잉 디스크 놓기(2)

두 번째 학생은 후프들 중 빈 칸을 찾아 플라잉 디스크를 놓고 출발선으로 돌아옵니다.

• 두 학생이 동시에 디스크를 놓으면 가위, 바위, 보를 통해 위치를 결정합니다.

출발선으로 되돌아오기

두 번째 학생이 출발선으로 돌아와 세 번째 학생과 하이파이브를 하면 세 번째 학생이 출발합니다.

플라잉 디스크 놓기(3)

세 번째 학생은 후프들 중 빈 칸을 찾아 플라잉 디스크를 놓고 출발선으로 돌아옵니다.

출발선으로 되돌아오기

세 번째 학생이 출발선으로 돌아와 다시 첫 번째 학생과 하이파이브를 하면 첫 번째 학생이 출발합니다.

• 세 번째 학생이 이미 한 줄을 완성했다면 게임은 종료됩니다.

한 줄 완성하기

자신의 팀의 플라잉 디스크를 빈 칸으로 옮겨 가로, 세로, 대각선 한 줄을 먼저 완성하는 팀이 승리합니다.

• 대기하는 친구들도 3×3 판 옆에서 도움(작전 전달)을 줄 수 있습니다.

section 23 픽셀 아트로 그림 그리기

관련 부록 151~153쪽

수업 개요

★ **학습 목표** 컴퓨터의 이미지 표현 방법을 이해할 수 있다.

★ **모둠 구성** 개별 활동

★ **준비물** 픽셀 아트 도안, 색연필, 사인펜

★ **컴퓨팅 사고력** 자료 표현

★ **관련 교과** 〈미술〉, 〈과학〉

수업 안내

본 차시는 디지털 이미지에서 더 이상 쪼개지지 않는 네모 모양의 작은 점(픽셀)들이 모여서 전체 그림을 만든다는 의미를 알아보는 활동입니다.

컴퓨팅 사고력의 자료 표현과 관련된 것으로, 학생들은 컴퓨터의 이미지 표현 방법을 이해할 수 있게 됩니다.

참고 자료

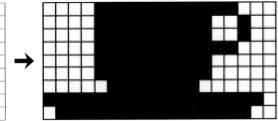

❶ 활동은 이렇게

❶ 작은 그림을 크게 확대한 다음 특징에 대해 이야기를 나눈다.

❷ 화면 구성 단위인 픽셀(Pixel)의 의미를 알아본다.

❸ 활동지를 통해 픽셀을 표현해 본다.

❹ 완성된 활동지를 친구들과 비교해 보고 이야기를 나눈다.

그림 확대하기

작은 그림을 크게 확대해 보고, 어떠한 특징이 있는지 살펴봅시다.

픽셀의 의미 알아보기

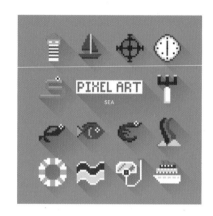

화면을 구성하는 최소 단위인 픽셀의 뜻을 알아보고, 픽셀 아트의 의미를 생각해 봅니다.

활동지 살펴보기

0	0	0	0	1	1	1	1	1	1	1	1	1	1	0	0	0
0	0	0	0	1	1	1	1	1	1	1	0	0	1	0	0	
0	0	0	0	1	1	1	1	1	1	1	0	0	1	0	0	
0	0	0	0	1	1	1	1	1	1	1	1	1	0	0	0	
0	0	0	0	1	1	1	1	1	1	1	0	0	0	0		
0	0	0	0	1	1	1	1	1	1	1	1	0	0	0		
0	0	0	0	0	1	1	1	1	1	1	0	0	0	0	0	
1	1	1	1	1	1	1	1	1	1	1	1	1	1	1	0	
0	1	1	1	1	1	1	1	1	1	1	1	1	1	0		

활동지를 보고 어떤 그림이 완성될지 예상해 봅니다. 칸 안에 표시된 숫자를 살펴보고, 0은 흰색, 1은 검정색으로 색칠합니다.

완성된 그림 살펴보기

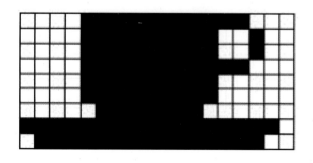

완성된 그림을 보고 어떤 그림이 완성되었는지 친구들과 이야기해 봅시다.

section 24 퍼즐 맞추기

관련
부록   155쪽

수업 개요

★ 학습 목표   드래그와 드롭 방식의 프로그래밍을 할 수 있다.

★ 모둠 구성   개인 활동

★ 준비물   필기구, PC

★ 컴퓨팅 사고력   자료 표현, 문제 분석, 추상화, 알고리즘/절차, 자동화

★ 관련 교과   〈수학3〉, 〈창의적 체험 활동〉

수업 안내

컴퓨터는 사람의 언어(자연어)를 이해할 수 없기 때문에 컴퓨터가 이해할 수 있는 언어(코드)로 명령을 내리는 작업(프로그래밍)을 본 차시를 통해 드래그와 드롭 방식으로 체험해 보는 활동입니다.

컴퓨팅 사고력의 자료 표현, 문제 분석, 추상화, 알고리즘/절차, 자동화와 관련된 것으로, 학생들은 블록 기반 언어(Block Language)를 활용한 프로그래밍에서 드래그(Drag)와 드롭(Drop) 방식을 익히고 프로그래밍을 체험해 보게 됩니다.

참고 자료

❶ 주소 입력창에 'code.org'를 입력하여 접속한다.

❷ [학생들] 메뉴를 클릭한다.

❸ [과정1]을 클릭한다.

❹ 3번 [퍼즐 맞추기:드래그와 드롭] 메뉴를 차례대로 수행한다.

 ① 활동은 이렇게 (1~10 단계)

❶ 블록 선택하는 방법을 알아본다.

❷ 드래그하는 방법을 알아본다.

❸ 블록을 선택하고 드래그와 드롭 방식을 사용하여 그림을 맞춘다.

❹ 10 단계까지 차례대로 수행한다.

블록 선택하기

클릭

① 블록에 마우스를 가져간 후 마우스의 왼쪽 버튼을 눌러서 선택을 합니다.

드래그하기

② 마우스를 클릭한 채로 선택한 블록을 움직이고자 하는 곳까지 가져오는 것을 드래그(Drag)라고 합니다.

드롭하기

③ 블록을 원하는 위치까지 가져온 후 마우스 왼쪽 버튼에서 손을 떼면 이동이 끝납니다. 이처럼 블록을 원하는 곳에 내려놓는 것을 드롭(Drop)이라고 합니다.

드래그와 드롭으로 그림 맞추기

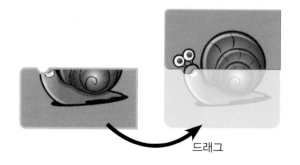

드래그

④ 계속해서 10 단계까지 드래그와 드롭으로 블록들을 그림에 맞게 맞춰 보세요.

❷ 활동은 이렇게(11~12 단계)

❶ [퍼즐 맞추기 : 드래그와 드롭] 메뉴의 11번을 선택한다.

❷ 드래그와 드롭 11~12 단계 미션을 차례대로 수행한다.

생각하기

각각의 블록을 색깔에 맞게 순서대로 연결해 봅시다.

알고리즘 만들기

보기

① 보라색   ② 초록색   ③ 하늘색

보라색

↓

하늘색

↓

초록색

명령 블록 알아보기

각각의 명령들이 쓰여질 블록입니다.

프로그래밍하기

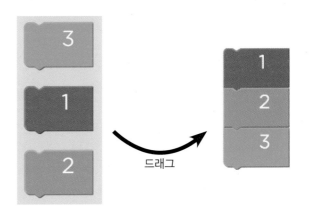

드래그

... unplugged play

section 25 명령을 내려서 돼지 잡기

관련 부록 157쪽

수업 개요

★ 학습 목표	컴퓨터에게 순서대로 명령하여 미로에서 돼지를 잡을 수 있다.
★ 모둠 구성	개인 활동
★ 준비물	필기구, PC
★ 컴퓨팅 사고력	자료 표현, 문제 분석, 추상화, 알고리즘/절차, 자동화
★ 관련 교과	〈사회〉

수업 안내

본 차시는 앞 단원에서 배운 드래그와 드롭 기능을 활용하여 문제를 해결해 보는 활동입니다.

컴퓨팅 사고력의 자료 표현, 문제 분석, 추상화, 알고리즘/절차, 자동화와 관련된 것으로, 학생들은 길을 따라 이동하도록 명령을 내림으로써 순차의 개념을 이해할 수 있고, 단계적인 미션 해결을 통하여 기초적인 알고리즘을 만들어보게 됩니다.

참고 자료

❶ 주소 입력창에 'code.org'을 입력하여 접속한다.

❷ [학생들] 메뉴를 클릭한다.

❸ [과정1]을 클릭한다.

❹ 4번 [미로:순차] 메뉴를 차례대로 수행한다.

① 활동은 이렇게(1~9 단계)

❶ 문제 해결을 위한 알고리즘을 알아본다.

❷ 사용 가능한 명령 블록과 의미를 살펴본다.

❸ 앵그리버드가 돼지를 잡을 수 있도록 프로그래밍을 한다.

❹ 미션 1~9 단계를 차례대로 진행한다.

생각하기

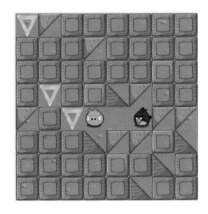

앵그리버드를 움직여서 돼지를 잡을 수 있도록 명령을 내려 봅시다.

알고리즘 만들기

보기

① 오른쪽   ② 왼쪽   ③ 위쪽   ④ 아래쪽

왼쪽

↓

왼쪽

명령 블록 알아보기

오른쪽으로
한 칸 이동

왼쪽으로
한 칸 이동

위쪽으로
한 칸 이동

아래쪽으로
한 칸 이동

드래그와 드롭

명령을 내리고자 하는 블록을 왼쪽에서 드래그하여 실행하면 ▶ 블록 아래에 붙입니다.

명령 고치기

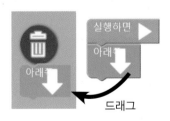

명령어 블록을 잘못 놓았을 때는 잘못 놓은 블록을 다시 왼쪽 블록 영역으로 드래그하여 삭제할 수 있습니다.

② 활동은 이렇게(10~15 단계)

❶ 문제 해결을 위한 알고리즘을 만든다.

❷ 사용 가능한 명령 블록과 의미를 살펴본다.

❸ 앵그리버드가 폭탄을 피해 돼지를 잡을 수 있도록 프로그래밍을 한다.

❹ 미션 10~15 단계를 차례대로 진행한다.

생각하기

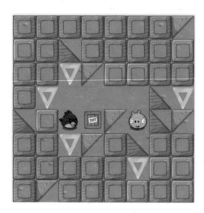

폭탄을 피해서 앵그리버드가 돼지를 잡을 수 있도록
해 봅시다.

알고리즘 만들기

보기

① 오른쪽 ② 왼쪽 ③ 위쪽 ④ 아래쪽

위쪽
오른쪽
오른쪽
오른쪽
아래쪽

명령 블록 알아보기

오른쪽으로
한 칸 이동

왼쪽으로
한 칸 이동

위쪽으로
한 칸 이동

아래쪽으로
한 칸 이동

프로그래밍하기

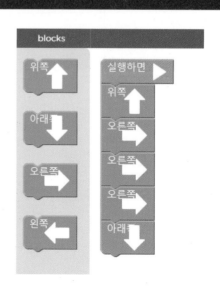

... unplugged play

section 26 순서대로 명령 내리기

관련
부록 159~161쪽

**수업
개요**

★ **학습 목표**	컴퓨터에게 순서대로 명령할 수 있다.	
★ **모둠 구성**	개인 활동	
★ **준비물**	필기구, PC	
★ **컴퓨팅 사고력**	자료 표현, 문제 분석, 추상화, 알고리즘/절차, 자동화	
★ **관련 교과**	〈사회〉, 〈과학〉	

**수업
안내**

본 차시는 문제를 해결하는 과정을 통해 문제를 분석하고 알고리즘을 순서대로 작성하는 방법을 익히는 활동입니다.

컴퓨팅 사고력의 자료 표현, 문제분석, 추상화, 알고리즘/절차, 자동화와 관련된 것으로, 학생들은 단계적인 미션 해결을 통하여 기초적인 알고리즘을 학습하고 프로그래밍에 흥미를 가지게 됩니다.

**참고
자료**

❶ 주소 입력창에 'code.org'을 입력하여 접속한다.

❷ [학생들] 메뉴를 클릭한다.

❸ [과정1]을 클릭한다.

❹ 7번 [꿀벌:순차] 메뉴를 차례대로 수행한다.

❶ 문제 해결을 위한 알고리즘을 알아본다.

❷ 사용 가능한 명령 블록과 의미를 살펴본다.

❸ 꿀벌이 꿀을 만들 수 있도록 프로그래밍을 한다.

❹ 미션 1~7 단계를 차례대로 진행한다.

생각하기

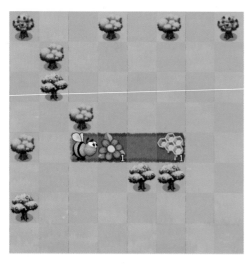

꿀벌이 꽃을 가져와서 벌꿀을 만들도록 해 봅시다.

알고리즘 만들기

보기

① 오른쪽 한 칸 ② 왼쪽 한 칸
③ 꽃 가져오기 ④ 벌꿀 만들기

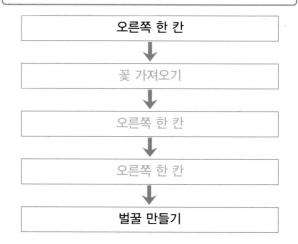

명령 블록 알아보기

오른쪽으로
한 칸 이동

왼쪽으로
한 칸 이동

꽃 가져오기

벌꿀 만들기

프로그래밍하기

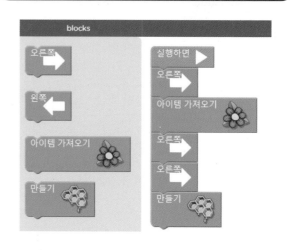

❷ 활동은 이렇게(8~15 단계)

❶ 문제 해결을 위한 알고리즘을 만든다.

❷ 사용 가능한 명령 블록과 의미를 살펴본다.

❸ 꿀벌이 꿀을 만들 수 있도록 프로그래밍을 한다.

❹ 미션 8~15 단계를 차례대로 진행한다.

생각하기

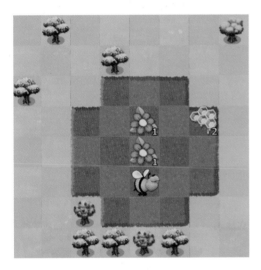

가장 가까운 길로 꿀벌이 꽃을 가져와서 벌꿀을 2개 만들 수 있도록 해 봅시다.

알고리즘 만들기

보기

① 오른쪽 ② 왼쪽 ③ 위쪽 ④ 아래쪽
⑤ 꽃 가져오기   ④ 벌꿀 만들기

위쪽
꽃 가져오기
위쪽
꽃 가져오기
오른쪽
오른쪽
벌꿀 만들기
벌꿀 만들기

명령 블록 알아보기

오른쪽으로   왼쪽으로   위쪽으로   아래쪽으로
한 칸 이동   한 칸 이동   한 칸 이동   한 칸 이동

꽃 가져오기   벌꿀 만들기

프로그래밍하기

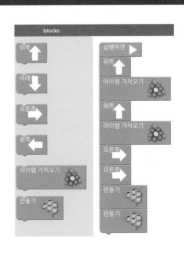

section 27 컴퓨터로 그림 그리기

관련 부록 163~165쪽

수업 개요

★ 학습 목표 　순서대로 명령하여 그림을 완성할 수 있다.

★ 모둠 구성 　개인 활동

★ 준비물 　필기구, PC

★ 컴퓨팅 사고력 　자료 표현, 문제 분석, 추상화, 알고리즘/절차, 자동화

★ 관련 교과 　〈미술〉

수업 안내

본 차시는 점, 선, 면을 이용하여 간단한 그림을 그리는 순서를 이해한 다음, 알맞은 명령을 내려 그림을 완성해 보는 활동입니다.

컴퓨팅 사고력의 자료 표현, 문제 분석, 추상화, 알고리즘/절차, 자동화와 관련된 것으로, 학생들은 컴퓨터를 이용하여 자신의 생각이나 느낌을 추상적으로 표현할 수 있음을 알고 프로그래밍 활동에 흥미를 갖게 됩니다.

참고 자료

❶ 주소 입력창에 'code.org'을 입력하여 접속한다.

❷ [학생들] 메뉴를 클릭한다.

❸ [과정1]을 클릭한다.

❹ 8번 [화가:순차] 메뉴를 차례대로 수행한다.

① 활동은 이렇게 (1~5 단계)

❶ 문제 해결을 위한 알고리즘을 알아본다.

❷ 사용 가능한 명령 블록과 의미를 살펴본다.

❸ 프로그래밍으로 그림을 그려본다.

❹ 미션 1~5 단계를 차례대로 진행한다.

생각하기

알고리즘 만들기

보기

① 오른쪽   ② 왼쪽
③ 위쪽   ④ 아래쪽

오른쪽

선을 1개 추가하여 사람 모양의 그림을 완성해 봅시다.

명령 블록 알아보기

위쪽으로
한 번 그리기

아래쪽으로
한 번 그리기

오른쪽으로
한 번 그리기

왼쪽으로
한 번 그리기

프로그래밍하기

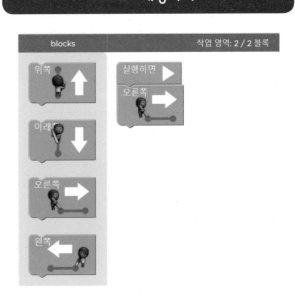

② 활동은 이렇게(6~12 단계)

① 문제 해결을 위한 알고리즘을 알아본다.

② 사용 가능한 명령 블록과 의미를 살펴본다.

③ 프로그래밍으로 그림을 그려본다.

④ 미션 6~12 단계를 차례대로 진행한다.

생각하기

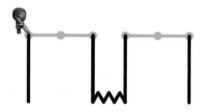

점프 블록과 선 그리기 블록을 사용하여 그림을 완성해 봅시다.

알고리즘 만들기

보기

① 점프 오른쪽   ② 점프 왼쪽
③ 위쪽   ④ 아래쪽   ⑤ 오른쪽   ⑥ 왼쪽

오른쪽
오른쪽
점프 오른쪽
오른쪽
오른쪽

명령 블록 알아보기

오른쪽으로   왼쪽으로   위쪽으로   아래쪽으로
한 칸 이동   한 칸 이동   한 칸 이동   한 칸 이동

오른쪽으로 점프   왼쪽으로 점프

프로그래밍하기

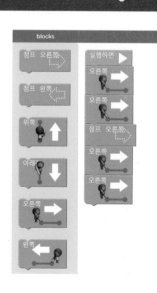

... unplugged play

section 28 내 로봇 친구 디자인하기

관련 부록 167쪽

수업 개요

★ **학습 목표**　　로봇 친구를 그린 후 친구들에게 설명할 수 있다.

★ **모둠 구성**　　짝 활동

★ **준비물**　　　활동지, 사인펜, 색연필

★ **컴퓨팅 사고력**　자동화

★ **관련 교과**　　〈창의적 체험 활동〉

수업 안내

본 차시는 학생들이 주변에서 경험했던 로봇에 대하여 알아보고 로봇을 디자인해 보는 활동입니다.

컴퓨팅 사고력의 자동화와 관련된 것으로, 저절로 움직이는 로봇을 생각해 보고 구상해 보는 활동을 통해 학생들은 로봇과 로봇을 움직이게 하는 명령에 대하여 경험하게 됩니다.

참고 자료

* 우리 주변의 로봇 *

▲ 로봇 청소기

▲ 애완 로봇

❶ 학생들이 알고 있는 로봇에 대하여 이야기를 나눈다.

❷ 로봇 친구가 생긴다면 어떤 로봇이 친구가 되면 좋을지 이야기를 나눈다.

❸ 로봇 친구를 그려본 후 이름과 할 수 있는 일을 적고 친구에게 설명한다.

내 로봇 친구를 디자인하고 할 수 있는 일 적어보기

● 내가 만들고 싶은 로봇을 그리고 이름과 할 수 있는 일을 적어 봅시다.

* 내 로봇 친구 모양 *

내 로봇 친구의 이름은 (쌩쌩이)입니다.

〈내 로봇 친구가 할 수 있는 일〉

● 빨리 달릴 수 있습니다.
● 말을 할 수 있습니다.

● 친구에게 내가 만든 로봇을 소개해 봅시다.

section 29 사람을 도와주는 로봇 디자인하기

관련 부록 169~171쪽

수업 개요

★ 학습 목표	사람을 도와주는 로봇을 살펴보고, 내가 만들고 싶은 로봇을 그리고 설명할 수 있다.
★ 모둠 구성	짝 활동
★ 준비물	활동지, 연필, 사인펜, 색연필
★ 컴퓨팅 사고력	자동화
★ 관련 교과	〈창의적 체험 활동〉

수업 안내

본 차시는 사람들을 도와주는 로봇을 살펴보고, 내가 만들고 싶은 로봇을 그리고 설명해 보는 활동입니다.

컴퓨팅 사고력의 자동화와 관련된 것으로, 학생들은 사람들을 도와주는 로봇을 디자인해 봄으로써 로봇에 대해서 체험하게 됩니다.

참고 자료

Q. 로봇이란?

A. '로봇'이라는 말은 체코어인 '일한다'라는 뜻의 로보타(Robota)에서 유래되었으며, 자신에게 주어진 능력를 가지고 지시하는 일을 자동으로 처리하거나 작동하는 기계를 의미한다. 산업용 로봇은 1960년대에 처음 등장한 이후 자동차 부품 조립 등 다양한 공업 분야에서 이용되기 시작하였으며, 1980년대에 들어 본격적인 성장세로 들어섰다. 집안 청소와 같은 간단한 일에서부터 의료 분야, 우주 항공 분야, 해저 탐사 등 위험한 일이나 인간이 하기 힘든 일에 로봇이 이용된다. 최근에는 빅데이터(Big data)를 기반으로 한 딥러닝(Deep learning)에 의해 인공 지능 로봇이 등장함으로 인해 드론, 자율 주행 자동차, 자동 번역기, 개인 비서 등의 형태로 우리에게 더욱 가깝게 다가오고 있다.

❶ 사람을 도와주는 로봇은 어떤 것이 있는지 알아본다.

❷ 로봇과 로봇이 하는 일을 연결한다.

❸ 친구들에게 내가 만든 로봇을 소개한다.

사람들을 도와주는 로봇 알아보기

● 사람들을 도와주는 로봇이 어떤 것을 할 수 있는지 친구와 이야기 나누고 활동지에 그려 봅시다.

하늘을 날아 물건을 대신 배달합니다.

집안 청소를 도와줍니다.

우주를 탐사합니다.

의사를 도와 수술을 합니다.

 ② 활동은 이렇게

❶ 사람을 도와줄 수 있는 로봇은 어떤 것이 있는지 친구와 이야기한다.

❷ 사람을 도와줄 수 있는 로봇을 그리고 설명한다.

사람을 도와주는 로봇을 그리고 설명하기

● 내가 만든 로봇은 어떤 것을 할 수 있는지 친구와 이야기 나누어 봅시다.

내가 만든 로봇은

(집에 혼자 있을 때 나와 놀아주는) 로봇입니다.

● 친구에게 내가 만든 로봇을 소개해 봅시다.

section 30 생활용품에 소프트웨어 기술 더하기

관련 부록 173쪽

수업 개요

★ 학습 목표	일상생활에서 소프트웨어가 적용된 생활용품을 살펴본 다음 내가 만들고 싶은 새로운 생활용품을 디자인하고 설명할 수 있다.
★ 모둠 구성	짝 활동
★ 준비물	학습지, 연필, 사인펜, 색연필
★ 컴퓨팅 사고력	자동화
★ 관련 교과	〈창의적 체험 활동〉

수업 안내

본 차시는 일상생활 속에서 우리가 사용하고 있는 물건들 중에서 기존에 사용되어 오던 생활용품에 소프트웨어 기술을 더해서 새롭게 만들어진 것들을 살펴보고, 직접 디자인해보는 활동입니다.

컴퓨팅 사고력의 자동화와 관련된 것으로, 학생들은 소프트웨어 기술이 활용된 생활용품을 살펴보고 기존의 생활용품에 새로운 소프트웨어 기능을 더해보는 활동을 통해 창의적인 사고력을 기르게 됩니다.

참고 자료

▲ 스스로 움직이는 자율 주행 자동차

❶ 소프트웨어가 활용되는 생활용품을 살펴본다.

❷ 생활용품에 다양한 소프트웨어 기능을 더해본다.

❸ 내가 만든 발명품을 소개한다.

소프트웨어가 활용되는 생활용품 살펴보기

● 기존에 사용되던 생활용품에 새로운 소프트웨어 기능을 더하여 만들어진 물건을 살펴봅시다.

〈기존 생활용품〉	〈새로운 소프트웨어 기능 더하기〉
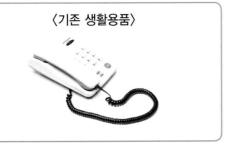	＋ 

  전화기에 컴퓨터의 기능이 더해져서 스마트폰이 만들어졌다.

〈기존 생활용품〉	〈새로운 소프트웨어 기능 더하기〉
	＋ 

    시계에 스마트폰의 기능이 더해져서 스마트 워치가 만들어졌다.

부 록
(활동지)

활동지는 어린이들이 생각한 결과를 마음대로 표현할 수 있도록 구성되었습니다.
스스로 또는 친구와 함께 의논하면서 생각한 결과를 표현하도록 해주세요.
그런 다음 왜 그렇게 생각했는지 같이 토론하시면 좋습니다.

학교에서 활용되는
소프트웨어 알아보기

(　)학년　(　)반　(　)번

이름 :

● 학교에서 사용되는 기기와 소프트웨어가 하는 일을 바르게 연결해 봅시다.

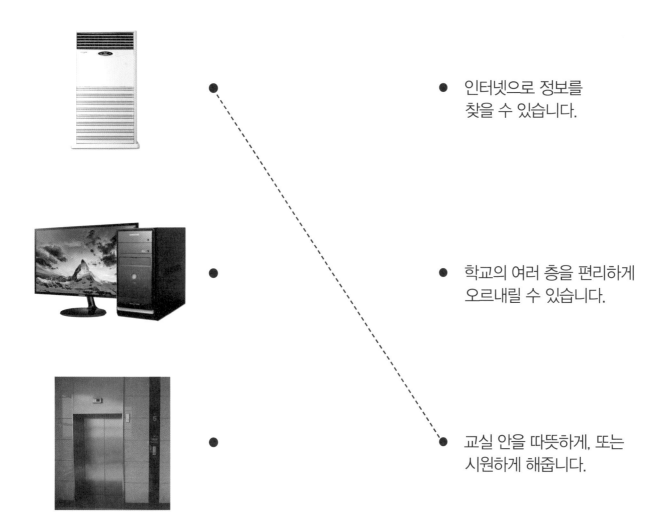

인터넷으로 정보를
찾을 수 있습니다.

학교의 여러 층을 편리하게
오르내릴 수 있습니다.

교실 안을 따뜻하게, 또는
시원하게 해줍니다.

스스로 확인해 봅시다

내 용	확인하기 (◎, ○, △)
학교에서 활용되는 기기와 하는 일을 연결할 수 있나요?	

● 친구들과 함께 학교에서 찾을 수 있는 기기의 이름을 적어보고 하는 일에 대하여 이야기해 봅시다.

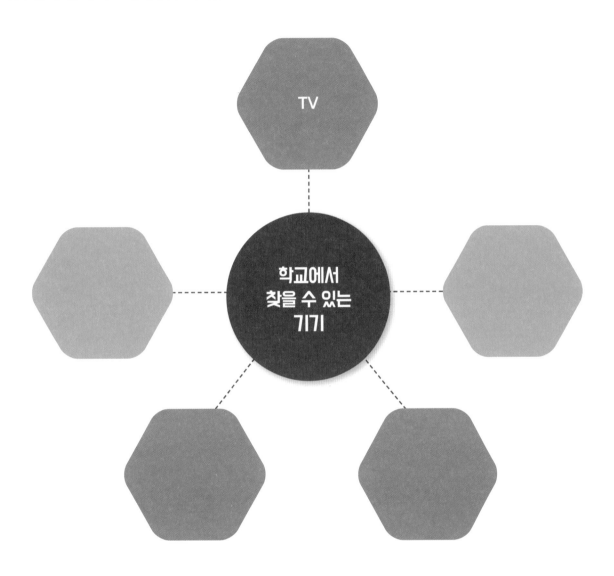

내 용	확인하기 (◎, ○, △)
학교에서 활용되는 기기를 찾고, 하는 일을 말할 수 있나요?	

● 집의 모습을 보고 소프트웨어가 활용되고 있는 곳을 찾아 ○해 봅시다.

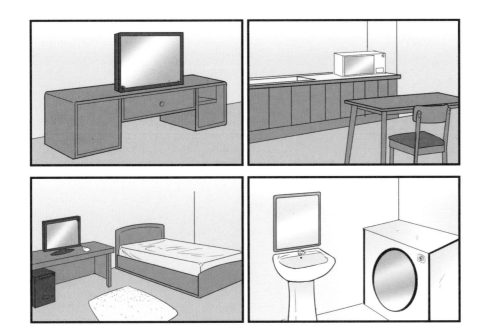

● 그림에서 찾은 기기를 적고 소프트웨어가 하는 일과 연결해 봅시다.

TV   ●

(   ) ●

(   ) ●

(   ) ●

● 원하는 방송을 예약하거나
보여줍니다.

● 음식물을 따뜻하게 데워줍니다.

● 인터넷 검색이나 문서 작성을
도와줍니다.

● 정해진 시간동안 빨래를
해 줍니다.

스스로 확인해 봅시다

내 용	확인하기 (◎, ○, △)
집에서 활용되는 기기와 하는 일을 연결할 수 있나요?	

집에서 활용되는 기기와 하는 일 알아보기

● 친구들과 함께 집에서 추가로 찾을 수 있는 기기의 이름을 적어보고 하는 일에 대하여 이야기해 봅시다.

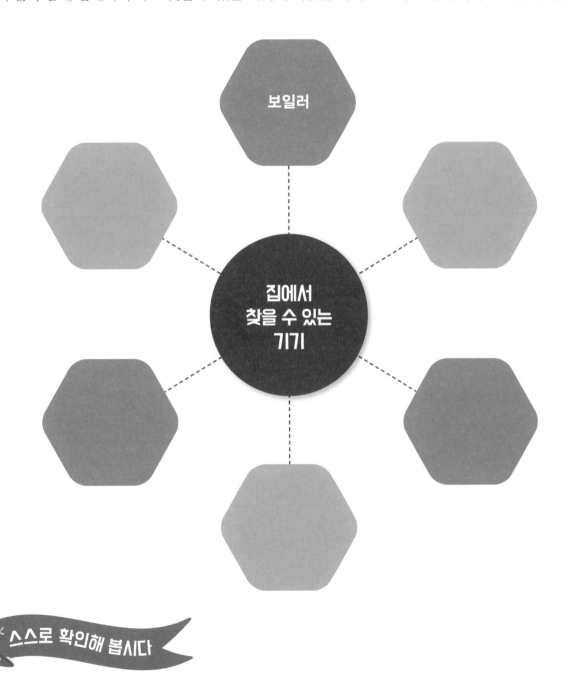

보일러

집에서
찾을 수 있는
기기

스스로 확인해 봅시다

내 용	확인하기 (◎, ○, △)
집에서 활용되는 기기를 찾고, 하는 일을 말할 수 있나요?	

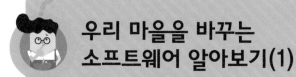

우리 마을을 바꾸는 소프트웨어 알아보기(1)

(　)학년　(　)반　(　)번

이름 :

● 우리 마을의 모습을 살펴보고 소프트웨어가 활용되고 있는 곳을 찾아 ○표 해 봅시다.

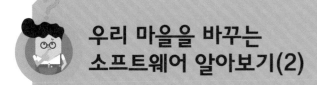
●우리 마을에서 찾을 수 있는 소프트웨어의 활용 사례를 정리해 봅시다.

우리 마을의 소프트웨어	기능
예 학교	수업 시간이나 쉬는 시간이 되면 종이 울립니다.

스스로 확인해 봅시다

내 용	확인하기 (◎, ○, △)
소프트웨어가 가져온 우리 마을의 변화를 바르게 찾을 수 있나요?	
소프트웨어가 우리 마을을 편리하게 발전시키고 있음을 이해했나요?	

화분에 씨앗 심기

● 화분에 씨앗을 심어 기르는 방법에 대해 순서를 생각해 보고 차례대로 번호를 적어봅시다.

❶ 화분에 흙 담기

❷ 화분을 햇볕에 두기

❸ 씨앗을 구멍에 넣기

❹ 흙에 구멍 만들기

❺ 씨앗에 물주기

❻ 씨앗을 흙으로 덮기

(❶) → ( ) → ( ) → ( ) → ( ) → (❷)

스스로 확인해 봅시다

내 용	확인하기 (◎, ○, △)
화분에 씨앗을 심고 기르는 방법을 순서대로 적을 수 있나요?	

씨앗에서 꽃까지

(   )학년   (   )반   (   )번

이름 :

● 식물이 자라는 순서를 생각하면서 빈곳에 그림을 그리거나 설명을 적어봅시다.

❶ 씨앗과 화분을 준비합니다.

❷

❸ 잎이 1장 났습니다.

❹

❺ 잎이 3장 났습니다.

❻

스스로 확인해 봅시다

내 용	확인하기 (◎, ○, △)
식물이 자라는 순서를 알 수 있나요?	

●구명조끼를 올바르게 입는 순서를 생각하며 순서대로 번호를 적어봅시다.

❶ 가슴 단추 채우기

❷ 자기 몸에 맞는 구명조끼 선택하기

❸ 구명조끼 착용 완료

❹ 구명조끼 몸에 걸치기

❺ 다리 사이로 생명줄 빼서 걸기

❻ 가슴 조임줄 당기기

(❷) → ( ) → ( ) → ( ) → ( ) → (❸)

스스로 확인해 봅시다

내 용	확인하기 (◎, ○, △)
구명조끼를 입는 방법을 순서대로 적을 수 있나요?	

안전한 물놀이를 위한 순서 알아보기

( )학년 ( )반 ( )번

이름 :

● 안전한 물놀이를 위해서는 심장에서 먼 곳부터 물을 적셔야 합니다. 물을 적시는 순서를 보기에서 골라 올바르게 적어봅시다.

보기 가슴, 팔, 다리

( ) → ( ) → ( )

❶ 구명조끼 입기

❷ 준비 운동하기

❸ 다리 먼저 물에 적시기

❹ 팔을 물에 적시기

❺ 가슴을 물에 적시기

❻ 안전하게 물놀이하기

스스로 확인해 봅시다

내 용	확인하기 (◎, ○, △)
물에 들어갈 때 몸에 물을 적시는 방법을 순서대로 정리할 수 있나요?	

송편 만드는 순서 알아보기

● 송편을 만드는 방법을 생각하며 송편을 만드는 순서대로 번호를 적어봅시다.

❶ 적당한 크기로 반죽 떼어내기

❷ 송편 찌기

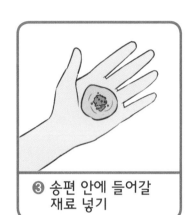

❸ 송편 안에 들어갈 재료 넣기

❹ 쌀가루 반죽하기

❺ 송편 모양 만들기

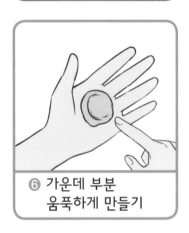

❻ 가운데 부분 움푹하게 만들기

(❹) → ( ) → ( ) → ( ) → ( ) → (❷)

스스로 확인해 봅시다

내 용	확인하기 (◎, ○, △)
송편 만드는 방법을 순서대로 적을 수 있나요?	

나만의 송편을 그려보고 만들기

●내가 만들고 싶은 송편의 모양을 그리고, 찰흙이나 지점토를 이용하여 친구들과 함께 송편을 만들어 봅시다.

*** 내가 만들고 싶은 송편 모양 그리기 ***

내 용	확인하기 (◎, ○, △)
만들고 싶은 모양대로 순서를 지켜가며 송편을 만들 수 있나요?	

( )학년 ( )반 ( )번

이름 :

●다음 그림을 보고 순서대로 점을 이어 그림을 완성해 봅시다.

순서대로 그림 그리기(2)

● 다음 그림을 보고 순서대로 점을 이어 그림을 완성해 봅시다.

명령에 따라 움직이기

( )학년 ( )반 ( )번
이름 :

● 친구가 목적지까지 찾아갈 수 있도록 화살표들을 명령 순서대로 그려봅시다.

앞으로 1칸 이동

왼쪽으로 돌기

오른쪽으로 돌기

	첫 번째 놀이	두 번째 놀이
첫 번째 명령		
두 번째 명령		
세 번째 명령		
네 번째 명령		
다섯 번째 명령		
여섯 번째 명령		
일곱 번째 명령		
여덟 번째 명령		
아홉 번째 명령		
열 번째 명령		

스스로 확인해 봅시다

내 용	확인하기 (◎, ○, △)
친구가 목적지까지 찾아갈 수 있도록 명령을 작성할 수 있나요?	

로봇 친구 움직이기(1)

●목적지로 로봇 친구를 보내려면 어떤 순서로 신호를 보내야 할까요? 〈보기〉에서 신호를 골라 순서대로 적어 봅시다.

〈보기〉

신호	뜻	신호	뜻
⬆	앞으로 한 칸 가기	⤵	오른쪽(⌐)으로 돌기
⬅	왼쪽(⌐)으로 돌기	●	목적지 확인하기

			목적지	
로봇 친구				

신호 순서 : (⬆) ➔ (⬆) ➔ ( ) ➔ ( ) ➔ ( )
➔ ( ) ➔ ( ) ➔ ( ) ➔ ( )

스스로 확인해 봅시다

내 용	확인하기 (◎, ○, △)
로봇 친구가 목적지를 찾을 수 있도록 차례대로 신호를 주었나요?	

로봇 친구 움직이기(2)

● 목적지로 로봇 친구를 보내려면 어떤 순서로 신호를 보내야 할까요? 〈보기〉에서 신호를 골라 순서대로 적어 봅시다.

〈보기〉

신호	뜻	신호	뜻
↑	앞으로 한 칸 가기	┏	오른쪽(┌)으로 돌기
↰	왼쪽(┐)으로 돌기	●	목적지 확인하기

	✖	목적지		
		✖		
			✖	
로봇 친구				

신호 순서 : (↑) → ( ) → ( ) → ( ) → ( )
→ ( ) → ( ) → ( ) → ( ) → ( )
→ ( ) → ( )

내 용	확인하기 (◎, ○, △)
로봇 친구가 목적지를 찾을 수 있도록 차례대로 신호를 주었나요?	

학교까지 오는 길 안내하기(1)

( )학년 ( )반 ( )번
이름 :

● 출발점에서 학교를 가려면 어떻게 가야하는지 차례대로 명령하여 안내해 봅시다. ✖ 가 표시된 곳은 갈 수 없는 곳입니다. 출발지에서 ⬆ 방향으로 출발합니다.

〈보기〉

신호	뜻	신호	뜻	신호	뜻	신호	뜻
⬆	위로 한 칸 가기	⬇	아래로 한 칸 가기	⬅	왼쪽으로 한 칸 가기	➡	오른쪽으로 한 칸 가기

			✖				
			✖				
	✖					학교	
					✖		
		✖	✖				
						✖	
✖						✖	
		✖					
		✖					
⬆ 출발지					✖		

명령 순서 : ⬆ ⬆ ➡

스스로 확인해 봅시다

내 용	확인하기 (◎, ○, △)
학교까지 가는 길을 바르게 안내할 수 있나요?	
길을 안내하며 친구들과 협동할 수 있나요?	

학교까지 오는 길 안내하기(2)

●학교로 가는 길에 서점에 들러서 책을 사야 합니다. 서점에 들렀다 갈 수 있도록 명령을 내려 봅시다.

✖ 가 표시된 곳은 갈 수 없는 곳입니다. 출발지에서 ⬆ 방향으로 출발합니다.

〈보기〉

신호	뜻	신호	뜻	신호	뜻	신호	뜻
⬆	위로 한 칸 가기	⬇	아래로 한 칸 가기	⬅	왼쪽으로 한 칸 가기	➡	오른쪽으로 한 칸 가기

		서점		✖				
				✖				
	✖						학교	
						✖		
		✖		✖				
							✖	
✖							✖	
		✖						
		✖						
⬆ 출발지				✖				

명령 순서 : ⬆ ⬆ ➡

스스로 확인해 봅시다

내 용	확인하기 (◎, ○, △)
학교까지 가는 길을 바르게 안내할 수 있나요?	
길을 안내하며 친구들과 협동할 수 있나요?	

점으로 그림 그리기(1)

( )학년 ( )반 ( )번
이름 :

● 보기의 규칙에 따라 점(칸)을 색칠하여 그림을 완성해 봅시다.

〈보기〉

칸의 숫자	칸을 색칠할 색깔	칸의 숫자	칸을 색칠할 색깔
0	없음	3	노랑
1	빨강	4	검정
2	파랑		

0	0	0	0	0	0	0	0	0	0	0	0	0	0	0
0	0	0	0	0	0	0	0	0	0	0	0	0	0	0
0	0	0	0	0	2	2	2	0	0	0	2	0	0	0
0	0	0	0	2	3	2	2	2	0	0	2	2	0	0
0	0	2	2	2	2	2	2	3	2	2	2	2	0	0
0	1	2	4	2	2	3	2	2	3	2	3	2	0	0
0	1	2	2	3	2	2	2	2	2	0	2	2	0	0
0	0	0	2	2	2	3	2	2	0	0	0	2	0	0
0	0	0	0	0	2	2	2	0	0	0	0	0	0	0
0	0	0	0	0	0	0	0	0	0	0	0	0	0	0
0	0	0	0	0	0	0	0	0	0	0	0	0	0	0
0	0	0	0	0	0	0	0	0	0	0	0	0	0	0
0	0	0	0	0	0	0	0	0	0	0	0	0	0	0
0	0	0	0	0	0	0	0	0	0	0	0	0	0	0
0	0	0	0	0	0	0	0	0	0	0	0	0	0	0

스스로 확인해 봅시다

내 용	확인하기 (◎, ○, △)
보기의 규칙에 따라 점(칸)을 바르게 색칠하여 그림을 완성하였나요?	

점으로 그림 그리기(2)

(   )학년   (   )반   (   )번

이름 :

●주변의 동물이나 물건 등을 떠올려 간단히 점(칸)을 색칠해서 그려보고 서로 비교하여 봅시다.

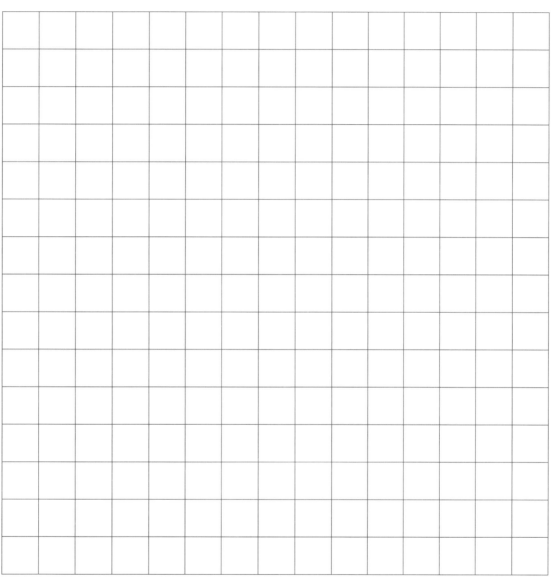

스스로 확인해 봅시다

내 용	확인하기 (◎, ○, △)
점(칸)을 색칠해 내가 그리려고 하였던 그림을 알맞게 완성하였나요?	

부록   133

지진으로부터 우리를 보호해요

● 교실에서의 지진 대피 방법을 그림을 보면서 설명하고 연습해 봅시다.

❶

❷

대피 장소

❸

❹

스스로 확인해 봅시다

내 용	확인하기 (◎, ○, △)
지진이 났을 때 행동하는 방법을 설명할 수 있나요?	
순서에 맞게 지진 대피 훈련에 참여하였나요?	

나는야 어린이 구급대원

( )학년 ( )반 ( )번
이름 :

● 심폐 소생술의 방법을 알고 실습해 봅시다.

단계		해야 할 행동	주의사항
1			
2			
3			
4			
5			
6			

스스로 확인해 봅시다

내 용	확인하기 (◎, ○, △)
응급 환자가 발생하였을 때 어떻게 행동해야 하는지 이해했나요?	
심폐 소생술을 진지한 모습으로 열심히 연습해 보았나요?	

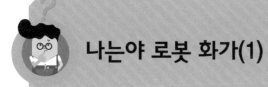

나는야 로봇 화가(1)

● 직선, 삼각형, 사각형, 원 모양을 이용하여 원하는 그림을 그려 봅시다.

● 나의 그림을 친구에게 순서대로 설명하기 위한 글을 써 봅시다.

1.
2.
3.
4.
5.

나는야 로봇 화가(2)

( ) 학년 ( ) 반 ( ) 번
이름 :

● 친구의 설명을 잘 듣고 순서에 맞게 그림을 그려 봅시다.

〈1차〉	〈2차〉

스스로 확인해 봅시다

내 용	확인하기 (◎, ○, △)
그림 그리는 방법을 순서에 따라 설명할 수 있나요?	
나의 설명의 문제점을 알고, 좀 더 이해하기 쉽게 고칠 수 있나요?	

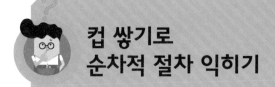

● 명령어를 확인하고 컵을 쌓기 위한 명령서를 작성해 봅시다.

명령어 이해하기

↑	컵 집어 위로 올리기
↓	컵 내려놓기
➡	컵을 오른쪽으로 1/2 이동
←	컵을 왼쪽으로 1/2 이동
↻	컵 뒤집기

명령서 작성하기

시작 ➡							

스스로 확인해 봅시다

내 용	확인하기 (◎, ○, △)
프로그래머 역할에서 명령어를 바르게 사용했나요?	
컴퓨터 역할에서 명령에 따라 순차적으로 컵을 쌓아 올렸나요?	
친구와 컵 쌓기 활동에 즐겁게 참여했나요?	

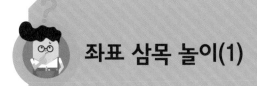

( )학년 ( )반 ( )번

이름 :

● 나만의 전략을 세워 수를 놓을 순서를 차례대로 적어봅시다.

['O'를 놓을 위치 순서대로 쓰기]

['O'를 놓을 위치 순서대로 쓰기]

['X'를 놓을 위치 순서대로 쓰기]

['X'를 놓을 위치 순서대로 쓰기]

좌표 삼목 놀이(2)

( )학년 ( )반 ( )번
이름 :

● 미리 정한 순서대로 수를 놓아 봅시다(바둑돌을 이용해서 놓으면 활동지를 다음에도 사용할 수 있습니다).

1	2	3
4	5	6
7	8	9

스스로 확인해 봅시다

내 용	확인하기 (◎, ○, △)
삼목 놀이에서 나만의 전략을 세워 보았나요?	
한 줄을 완성하기 위한 전략을 효과적으로 세웠나요?	

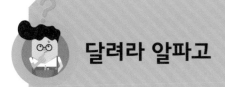
● 어떤 위치에 어떤 순서로 플라잉 디스크를 놓으면 좋을지 토의해 봅시다.

먼저 공격하는 경우 놓을 수 있는 자리	
뒤에 공격하는 경우 놓을 수 있는 자리	

스스로 확인해 봅시다

내 용	확인하기 (◎, ○, △)
선 공격, 후 공격에 따른 알맞은 전략을 수립했나요?	
틱택토 게임에 열심히 참여했나요?	
다음 순서의 친구들을 배려하여 움직였나요?	

픽셀 아트로 그림 그리기(1)

● 0은 흰색, 1은 검정색을 색칠하여 어떤 그림이 완성되는지 알아봅시다.

0	0	0	0	1	1	1	1	1	1	1	1	1	1	1	0	0	0
0	0	0	0	1	1	1	1	1	1	1	1	1	0	0	1	0	0
0	0	0	0	1	1	1	1	1	1	1	1	1	0	0	1	0	0
0	0	0	0	1	1	1	1	1	1	1	1	1	1	1	0	0	0
0	0	0	0	1	1	1	1	1	1	1	1	1	0	0	0	0	0
0	0	0	0	1	1	1	1	1	1	1	1	1	0	0	0	0	0
0	0	0	0	1	1	1	1	1	1	1	1	1	0	0	0	0	0
1	1	1	1	1	1	1	1	1	1	1	1	1	1	1	1	1	0
0	1	1	1	1	1	1	1	1	1	1	1	1	1	1	1	0	0

스스로 확인해 봅시다

내 용	확인하기 (◎, ○, △)
픽셀의 의미를 설명할 수 있나요?	
숫자에 맞게 알맞은 색깔을 색칠했나요?	

픽셀 아트로 그림 그리기(2)

● 0은 연두색, 1은 초록색을 색칠하여 어떤 식물이 완성되는지 알아봅시다.

						1	1						
			1			1	0	0	1				
		1	0	1		1	0	0	1				
		1	0	1		1	0	0	1				
		1	0	1		1	0	0	1				
		1	0	1		1	0	0	1		1		
		1	0	1		1	0	0	1	1	0	1	
		1	0	0	1	1	0	0	1	1	0	1	
			1	0	0	0	0	0	1	1	0	1	
				1	0	0	0	0	1	1	0	1	
				1	1	0	0	0	1	1	0	0	1
						1	0	0	0	0	0	1	
						1	0	0	0	0	1		
						1	0	0	1	1			
						1	0	0	1				
						1	0	0	1				
						1	0	0	1				
						1	0	0	1				

(   )

스스로 확인해 봅시다

내 용	확인하기 (◎, ○, △)
픽셀의 의미를 설명할 수 있나요?	
숫자에 맞게 알맞은 색깔을 색칠했나요?	

퍼즐 맞추기(11 단계)

● 드래그와 드롭 방법으로 색이 일치하게 블록을 이동시켜 봅시다.

생각하기

빨간 블록 안에 초록색, 보라색, 하늘색 블록을 순서에 맞게 연결해 봅시다.

알고리즘 만들기

명령 블록 알아보기

각각의 명령들이 쓰여질 블록입니다.

프로그래밍하기

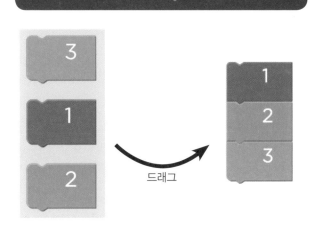

드래그

스스로 확인해 봅시다

내 용	확인하기 (◎, ○, △)
드래그와 드롭 방식으로 블록을 알맞게 연결할 수 있나요?	

명령을 내려서 돼지 잡기(10 단계)

● 빈 칸에 알맞은 방향을 써 넣고 순서에 맞게 프로그래밍 해 봅시다.

생각하기

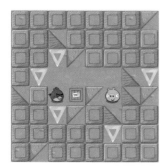

폭탄을 피해서 앵그리버드가 돼지를 잡을 수 있도록 해 봅시다.

알고리즘 만들기

보기

① 오른쪽 ② 왼쪽 ③ 위쪽 ④ 아래쪽

위쪽

↓

↓

↓

↓

프로그래밍하기

명령 블록 알아보기

오른쪽으로 한 칸 이동

왼쪽으로 한 칸 이동

위쪽으로 한 칸 이동

아래쪽으로 한 칸 이동

스스로 확인해 봅시다

내 용	확인하기 (◎, ○, △)
원하는 블록을 사용하여 앵그리버드를 알맞은 곳으로 이동시켰나요?	

순서대로 명령 내리기(1 단계)

●빈 칸에 알맞은 방향을 써 넣고 순서에 맞게 프로그래밍 해 봅시다.

생각하기

꿀벌이 꽃을 가져와서 벌꿀을 만들도록 해 봅시다.

알고리즘 만들기

보기
① 오른쪽 한 칸 ② 왼쪽 한 칸
③ 꽃 가져오기 ④ 벌꿀 만들기

오른쪽 한 칸
↓
↓
↓
↓
벌꿀 만들기

프로그래밍하기

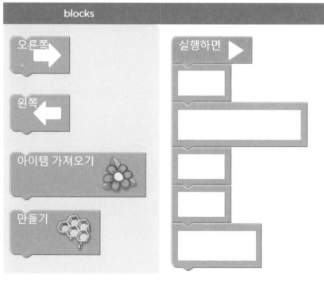

명령 블록 알아보기

오른쪽으로 한 칸 이동   왼쪽으로 한 칸 이동

꽃 가져오기   벌꿀 만들기

스스로 확인해 봅시다

내 용	확인하기 (◎, ○, △)
블록을 순서대로 사용하여 명령을 하였나요?	

순서대로 명령 내리기(8 단계)

● 빈 칸에 알맞은 방향을 써 넣고, 순서에 맞게 프로그래밍 해 봅시다.

생각하기

가장 가까운 길로 꿀벌이 꽃을 가져와서 벌꿀을 2개 만들 수 있도록 해 봅시다.

알고리즘 만들기

보기

① 오른쪽 ② 왼쪽 ③ 위쪽 ④ 아래쪽
⑤ 꽃 가져오기   ④ 벌꿀 만들기

위쪽
벌꿀 만들기

프로그래밍하기

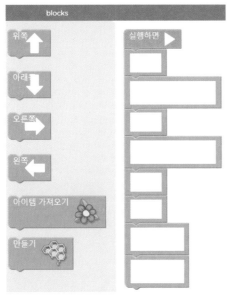

명령 블록 알아보기

오른쪽으로   왼쪽으로   위쪽으로   아래쪽으로
한 칸 이동   한 칸 이동   한 칸 이동   한 칸 이동

꽃 가져오기   벌꿀 만들기

스스로 확인해 봅시다

내 용	확인하기 (◎, ○, △)
블록을 순서대로 사용하여 명령을 하였나요?	

사람 그림 완성하기(1 단계)

● 빈 칸에 알맞은 방향을 써 넣고, 순서에 맞게 프로그래밍 해 봅시다.

생각하기

선을 1개 추가하여 사람 모양의 그림을 완성해 봅시다.

알고리즘 만들기

보기
① 오른쪽   ② 왼쪽
③ 위쪽   ④ 아래쪽

명령 블록 알아보기

위쪽으로 한 번 그리기

위쪽으로 한 번 그리기

위쪽으로 한 번 그리기

위쪽으로 한 번 그리기

프로그래밍하기

내 용	확인하기 (◎, ○, △)
그림을 완성하기 위한 알맞은 블록을 사용하였나요?	

점프 블록으로 그림 완성하기(6 단계)

(   )학년 (   )반 (   )번

이름 :

● 빈 칸에 알맞은 방향을 써 넣고, 순서에 맞게 프로그래밍 해 봅시다.

생각하기

점프 블록과 선 그리기 블록을 사용하여 그림을 완성해 봅시다.

프로그래밍하기

알고리즘 만들기

보기

① 점프 오른쪽   ② 점프 왼쪽
③ 위쪽 ④ 아래쪽 ⑤ 오른쪽 ⑥ 왼쪽

오른쪽

↓

↓

↓

↓

명령 블록 알아보기

오른쪽으로   왼쪽으로   위쪽으로   아래쪽으로
한 칸 이동   한 칸 이동   한 칸 이동   한 칸 이동

오른쪽으로 점프   왼쪽으로 점프

스스로 확인해 봅시다

내 용	확인하기 (◎, ○, △)
점프 블록과 선 그리기 블록을 알맞게 사용하여 그림을 완성했나요?	

내 로봇 친구 그리고 설명하기

● 내가 만들고 싶은 로봇을 그려보고 친구들에게 설명해 봅시다.

＊ 내 로봇 친구 모양 ＊

내 로봇 친구의 이름은 ( )입니다.

〈내 로봇 친구가 할 수 있는 일〉

-
-

스스로 확인해 봅시다

내 용	확인하기 (◎, ○, △)
내 로봇 친구가 하는 일을 적을 수 있나요?	
내 로봇 친구를 그리고 친구에게 설명할 수 있나요?	

● 사람들을 도와주는 로봇이 하는 일과 연결해 봅시다.

● 　　　　　　　　　　● 하늘을 날아 물건을 대신 배달합니다.

● 　　　　　　　　　　● 집안 청소를 도와줍니다.

● 　　　　　　　　　　● 우주를 탐사합니다.

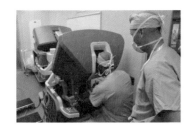

● 　　　　　　　　　　● 의사들을 도와 수술을 합니다.

스스로 확인해 봅시다

내 용	확인하기 (◎, ○, △)
사람들을 도와주는 로봇을 로봇이 하는 일과 연결할 수 있나요?	

사람을 도와주는 로봇 디자인하기

( )학년 ( )반 ( )번
이름 :

● 내가 만든 로봇이 어떤 것을 할 수 있는지 친구와 이야기 나누고 활동지에 그려 봅시다.

내가 만든 로봇은

( ) 로봇입니다.

로봇을 그려 봅시다.

● 친구에게 내가 만든 로봇을 소개해 봅시다.

스스로 확인해 봅시다

내 용	확인하기 (◎, ○, △)
사람들을 도와주는 로봇을 그리고 설명할 수 있나요?	

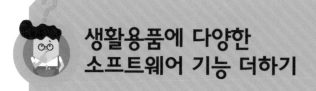

생활용품에 다양한 소프트웨어 기능 더하기

( )학년 ( )반 ( )번

이름 :

● 생활 주변에 사용되는 물건을 하나 정해서 다양한 소프트웨어 기능을 더해 봅시다.

〈선택한 생활용품〉

+

〈새로운 소프트웨어 기능 더하기〉

〈선택한 생활용품〉

+

〈새로운 소프트웨어 기능 더하기〉

● 내가 만든 새로운 생활용품을 친구들에게 소개해 봅시다.

스스로 확인해 봅시다

내 용	확인하기 (◎, ○, △)
생활 주변에서 사용되고 있는 소프트웨어 기능을 알 수 있나요?	
소프트웨어 기능이 더해진 새로운 생활용품을 설명할 수 있나요?	

지층과 화석 보드 게임

● 보드 게임에서 활용할 지층 카드를 모둠 친구들과 함께 만들어봅시다.

지층 카드

[　　　　　　　　　]이가 만든 지층

[　　　　　　　　　]이가 만든 지층

[　　　　　　　　　]이가 만든 지층

[　　　　　　　　　]이가 만든 지층

스스로 확인해 봅시다

내 용	확인하기 (◎, ○, △)
지층이 아래에서부터 차례대로 쌓이는 것을 알았나요?	
지층을 구성하는 퇴적물들의 종류를 말할 수 있나요?	
차례로 카드를 쌓는 활동을 통해 절차적 사고를 이해했나요?	

● 가위로 오려서 카드로 이용하세요.

이암

사암

응회암

석회암

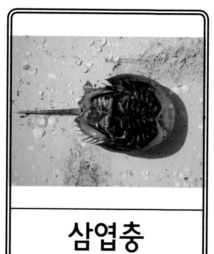

삼엽충

조개껍질

고사리

산호

● 가위로 오려서 카드로 이용하세요.

이암

사암

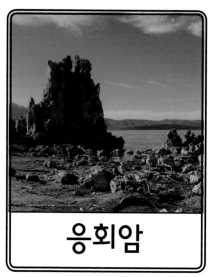

응회암

석회암

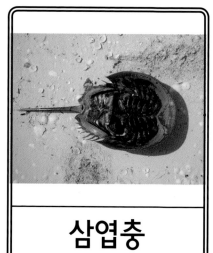

삼엽충

조개껍질

고사리

산호

● 가위로 오려서 카드로 이용하세요.

이암

사암

응회암

석회암

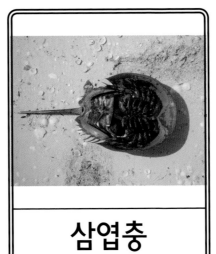
삼엽충

조개껍질

고사리

산호

● 가위로 오려서 카드로 이용하세요.

이암

사암

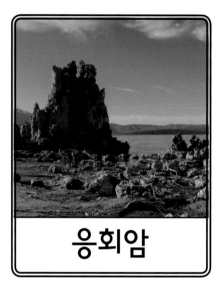

응회암

석회암

삼엽충

조개껍질

고사리

산호

퇴적물 카드

● 가위로 오려서 카드로 이용하세요.

이암

사암

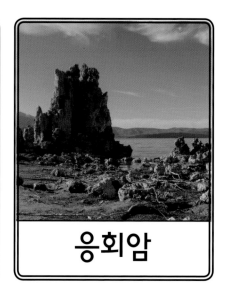

응회암

석회암

삼엽충

조개껍질

고사리

산호

●[명령에 따라 보물 찾기] 화살표 명령에 따라 장애물을 피해서 보물을 찾아봅시다. 189쪽에 있는 카드를 오려서 말판으로 사용하세요.

① 한 명이 모눈판 위에 목표물(보물)과 장애물(바위)을 각각 배치합니다.
② 다른 한 명은 이동해야 할 길을 순서대로 화살표를 배치합니다.
③ 화살표를 모두 놓은 후, 화살표를 따라 이동하여 목표물에 도착합니다.

스스로 확인해 봅시다

내 용	확인하기 (◎, ○, △)
목표물까지 이동하는 길을 파악하고 화살표로 바르게 명령을 내렸나요?	
명령을 차례대로 실행하여 목표물까지 도착하였나요?	

●가위로 선 따라 오려서 카드로 이용하세요.

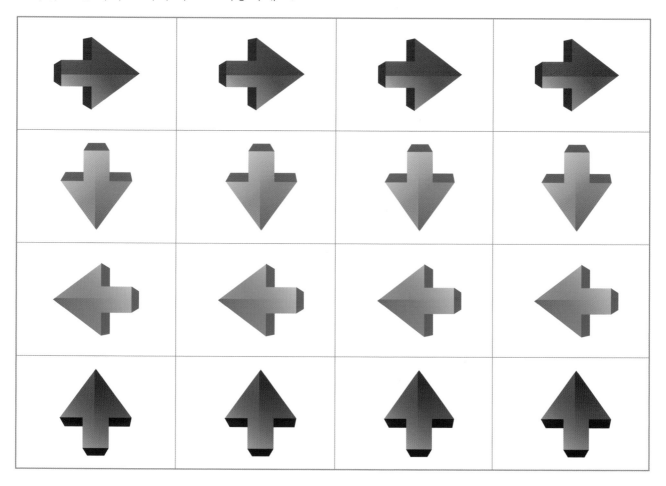

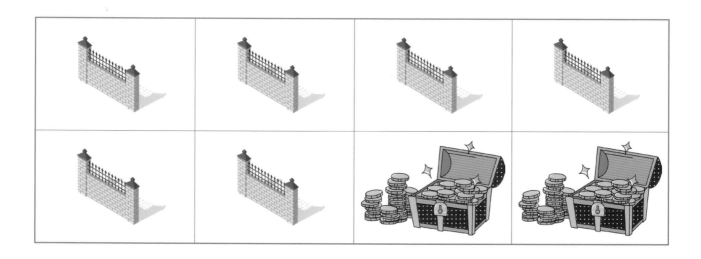

● [과일 바구니 옮기기] 활동에 사용할 과일 카드입니다. 가위로 오려서 사용하세요.

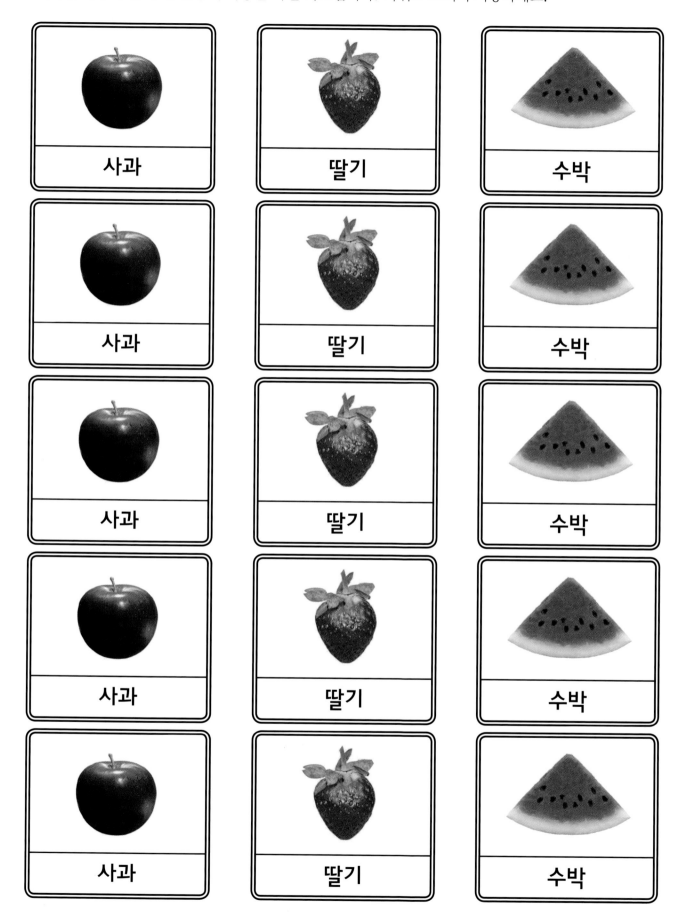